CÓMO HABLAR BIEN Y GANAR MÁS

PARTE 2

Aprenda a exponer
en reuniones sin miedos
ni bloqueos

DANIEL COLOMBO

CÓMO HABLAR BIEN Y GANAR MÁS

PARTE 2

Aprenda a exponer
en reuniones sin miedos
ni bloqueos

Editorial Autores de Argentina

Colombo, Daniel
    Cómo hablar bien y ganar más : parte 2 / Daniel Colombo. - 1a ed. -
Ciudad Autónoma de Buenos Aires : Autores de Argentina, 2018.
    162 p. ; 20 x 14 cm.

    ISBN 978-987-761-488-6

    1. Autoayuda. I. Título.
    CDD 158.1

EDITORIAL AUTORES DE ARGENTINA
www.autoresdeargentina.com
Mail: info@autoresdeargentina.com

Diseño de portada: Justo Echeverría

ÍNDICE

DEL AUTOR AL LECTOR

No existe empresa que no necesite comunicar algo, sea cual sea el rubro al que pertenezca. Y existen tantas formas de comunicar, como firmas hay en el mercado.

Pero así como no hay dos empresas iguales, tampoco hay dos necesidades idénticas de comunicación. A cada compañía le corresponde un plan, una estrategia y ciertas tácticas de comunicación exclusivas, en pos de su objetivo particular.

Por ello, esta serie de libros sobre **Comunicación y Ventas** está dedicada a la relación entre ambas variables. Explica cómo, unidas, contribuyen a mejorar sustancialmente los resultados de los negocios. Y enseña también que, cuando no existe una política de comunicación empresarial, hay riesgos de todo tipo, incluyendo uno de los más peligrosos: la reputación negativa.

Lejos de libros teóricos, el lector encontrará en estos seis tomos la adrenalina que promueve a la acción y al resultado concreto. Y aprenderá cientos de recursos para poner en marcha la comunicación profesional de su negocio, abarcando muchas de las herramientas fundamentales.

Ahora ha llegado el turno de aprender a comunicar mejor, para hacer crecer su empresa y su dinero. ¡Libere su creatividad, y a trabajar, que el éxito lo espera!

Daniel Colombo

PARA CREAR UNA VIDA MEJOR

Es sabido que nuestra vida de adultos puede estar marcada por la historia, los acontecimientos y las formas de comunicación que experimentamos y percibimos de chicos. Esta estructura conforma nuestra personalidad, y desde allí, nos movemos y accionamos en el mundo.

En muchos casos, los miedos que experimentamos de adultos cuando debemos afrontar situaciones como la de ser oradores ante pequeños o grandes grupos, están, inconscientemente, ligados con aquellas experiencias de la infancia. Tal vez no las recordemos conscientemente. Sin embargo, están grabadas fuertemente en nuestro corazón y nuestro ser: es la esencia de quiénes somos.

Ahora bien: como adultos, tenemos la responsabilidad de crear una vida mejor: para nosotros, para nuestras familias, para nuestro mundo. Por eso, parte del proceso es re-aprender, volver a aprender, aquellas cosas que necesitamos mejorar, para experimentar mayor expansión, libertad, abundancia y cualquier otra cosa que queremos conseguir.

Hace unos años, cuando tuve la oportunidad de conocer y trabajar junto a uno de los número 1 del golf mundial, compartió conmigo una anécdota que resonó fuerte y me hizo pensar.

- En cierta ocasión Tiger Woods, el famoso golfista, aún adolescente, se encontraba frente a un momento decisivo en el Abierto Juvenil de los Estados Unidos -me dijo-. Para ganar, debía jugar un tiro de enorme dificultad. Su padre, entonces, se le acercó y le susurró al oído: *Deja que surja la leyenda.* Tiger pegó el tiro imposible y ganó el partido.

La conclusión está en nuestras manos: más allá de las limitaciones, siempre tenemos la oportunidad de mejorar. En este caso, en esta colección, estamos compartiendo conocimientos sobre comunicación en lenguaje accesible para todos los públicos; con profundidad, en detalle y basados en la práctica profesional.

Con este libro, el número 6 de "Comunicación y Ventas", titulado Cómo hablar bien y vender más- Parte 2, estamos completando la más importante colección de libros masivos sobre esta materia, en el mundo de habla hispana.

Como en los tomos anteriores y en toda esta serie, aquí encontrará decenas de claves sencillas y prácticas para vencer el miedo y transformarlo en acción la próxima vez que deba hablar frente al público. Sólo hace falta entrenamiento, práctica, innovación, entusiasmo... y dejar que surja la leyenda, como Tiger Woods.

¡Le deseo mucho éxito en su vida en todo lo que emprenda! Así será.

Daniel Colombo

Cómo hacer discursos exitosos

Para conquistar al auditorio, hay que impactarlo. Y para lograr esto, no basta con transmitir lo que se sabe: hay que usar las formas adecuadas

Como está experimentando en esta colección "Comunicación y Ventas", el impacto que producimos en el público cada vez que tenemos la ocasión de afrontarlo con nuestros mensajes, es determinante del éxito o el fracaso en pos de los objetivos que perseguimos.

Ya sea que desee convencer, animar, motivar, esclarecer, invitar, vender o cualquier otra intención, como orador eficaz debe aprender las distintas formas de expresión del lenguaje hablado.

Del uso correcto del lenguaje, sus reglas gramaticales, y del cuidado de las formas para dirigirse a su auditorio, depende, en gran parte, el éxito de sus presentaciones.

De nada sirve ser un experto en su materia, si a la hora de transmitir lo que sabe no encuentra la forma apropiada para impactar en su público. Por el contrario, desde la audiencia percibirán de inmediato su falta de conocimiento y consistencia; de allí de una de las principales claves de la preparación previa.

» UN BUEN PUNTO DE PARTIDA: LAS 15 COSAS QUE MÁS DESEAMOS

A lo largo de los siglos, los estudiosos del comportamiento humano han sintetizado en 15 factores las cosas que más deseamos los seres humanos. Como un breve ejercicio, le invitamos a tomar un lápiz y marcar al lado de cada uno, aquellos que le son más afines a su personalidad y estilo de vida, sueños, deseos y metas:[1]

1. Ser rico

2. Ser poderoso

3. Mejorar la apariencia física

4. Ser saludable

5. Avanzar en la vida

6. Ahorrar dinero

7. Avanzar socialmente

8. Tener amigos

9. Reconocimiento

10. Paz mental y espiritual

11. Mejorar nuestra educación

12. Evitar humillaciones

13. Lograr seguridad económica en la vejez

14. Ser querido por los demás

15. Tener más tiempo libre.

Por lo tanto, enfóquese en que, durante su discurso, el público reciba mensajes y contenidos que le aporten, potencialmente y de distintas formas, entre 8 y 10 de estas cosas. Así, no lo dude: ¡El éxito de su presentación estará asegurado!

---

1 Del libro "Preparados... listos... ¡out! Manual para sobrevivir al estrés", de Daniel Colombo y Ménica Muruaga, Ed. Norma

DINÁMICA DEL ORADOR EXITOSO

PREPARACIÓN DEL DISCURSO

MENSAJE CLARO

LENGUAJE VERBAL

LENGUAJE CORPORAL

EMOCIONAR Y TOCAR EL CORAZÓN DEL PÚBLICO

ORADOR

CAPTAR LA ATENCIÓN DEL PÚBLICO

MATERIALES DE APOYO

RECURSOS EXTERNOS

CALIDAD

CONOCIMIENTO

ENTRETENIDO Y ÁGIL

RITMO

» LAS FORMAS DE EXPRESIÓN

Los seres humanos utilizamos la capacidad de hablar, entre otros aspectos, para transmitir ideas y conceptos; para emocionar, captar la atención de otros, para seducir y para obtener distinto tipo de resultados.

Estas formas literarias determinan algunos recursos frecuentes de los que nos valemos. Y estos recursos también son aplicables para los oradores profesionales. Reconociéndolos, aplicándolos, y valiéndonos de ellos cada vez que sea conveniente, nuestro discurso se verá enriquecido; será entretenido y nos servirán para "vestirlo" de la mejor forma.

Repasemos algunas de estas formas de expresión que utilizamos espontáneamente en la vida diaria; y cómo impactarán directamente en su público:

ANTÍTESIS

La antítesis proviene del griego "antithesis" -contradicción-. Se trata del uso de dos palabras o frases que tienen un significado opuesto. Sirve para contrastar ideas, o para marcar la diferencia entre un ejemplo y otro. Con una antítesis es posible articular también un argumento para refutar.

Ejemplos de antítesis en frases cortas: "Es tan corto el amor y tan largo el olvido" (Pablo Neruda); "Cuando vos vas, yo estoy de vuelta", "Para ganar hay que saber perder"; "Pequeño gran hombre"; "Para unos pocos es un sueño. Para muchos, una pesadilla"; "O cambiamos o nos hundimos"; "El hombre más sabio que he conocido en toda mi vida no sabía leer ni escribir" *(José Saramago).*

EJEMPLO DE ANTÍTESIS

En aquellos años soñábamos con cambiar el mundo; ahora, nos conformamos con cambiar éste, nuestro país, nuestra casa.

Cristina Fernández de Kirchner
Presidenta de la Argentina

CLIMAX

Al igual que en una obra de teatro o una película, la articulación del discurso debe ser tal que vaya creciendo en el interés del público. El climax se obtiene combinando distintos elementos en un orden ascendente, incluso si se necesita hacer una enumeración de varios conceptos, para fortalecer la idea principal.

A continuación, varios ejemplos en frases cortas: "Puedo escucharlo, percibirlo, lo siento, lo veo venir..."; "Es increíble lo que podemos lograr si nos unimos, si trabajamos codo a codo, todos los días..."; "No importa tanto lo que nos limita: enfoquémonos en lo que sí sabemos hacer. Porque sí sabemos crear; sí sabemos producir; sí sabemos abrir mercados; sí sabemos conseguir nuestros objetivos".

EJEMPLO DE CLIMAX

Después de esta noche estoy más convencido que nunca de que la gran riqueza de nuestro país no es el cobre, son los mineros. La gran riqueza de nuestro país no son los recursos naturales, somos los chilenos que hemos dado un ejemplo al mundo de compromiso, de fe, de esperanza incluso los días más aciagos, cuando muchos perdieron la fe y creían que esta hazaña de un rescate exitoso era, sólo un sueño.

Sebastián Pinera
Presidente de Chile, durante el rescate
a los 33 mineros, octubre de 2010

METÁFORAS

La metáfora, del griego "meta" (fuera o más allá) y "pherein" (trasladar), es una figura retórica que consiste en mostrar y expresar un concepto con un significado distinto, o bien, dentro de contexto diferente al habitual.

Aquí, algunos ejemplos breves de metáforas: "Tus ojos son dos luceros"; "Tus cabellos son de oro"; "Para él su hija es la luz de su existencia".

EJEMPLO DE METÁFORAS

Les agradezco profundamente el que se hayan llegado hasta esta histórica Plaza de Mayo. Yo llevo en mis oídos la más maravillosa música que, para mí, es la palabra del pueblo argentino.

Juan Domingo Perón
12 de junio de 1974

COMPARACIONES

La comparación consiste en establecer una relación clara, explícita, entre un término real y uno alegórico o imaginario de cualidades que pueden ser análogas. Generalmente se articulan por medio de "como", "cual", "que", o "se asemeja a".

Varios ejemplos breves: "El árbol es como una casa para los pájaros y un techo para el vagabundo"; "Es manso como un cordero"; "Es fuerte como una roca".

HIPÉRBOLE

La hipérbole consiste en una alteración exagerada e intencional de la realidad que se quiere representar -por ejemplo, una característica, situación, actitud, etcétera-ya sea por exceso o por defecto (tapínosis). Este es un recurso que permite conseguir mayor expresividad como oradores.

Algunos ejemplos cortos: "Se agrandó el tema como una bola de nieve"; "¡Qué digo mil! ¡Millones de personas estarán de acuerdo!"; "La competencia es más lenta que una tortuga".

EJEMPLO DE HIPÉRBOLE

El dictador era un hombre cuyo poder había sido tan grande que alguna vez preguntó qué horas son y le habían contestado las que usted ordene mi general...

Gabriel García Márquez
escritor colombiano

PARADOJA

La paradoja es una figura retórica que consiste en la unión de dos ideas que, en un principio, parecen imposibles de concordar. **Algunos ejemplos de Paradoja:** "Al avaro, las riquezas lo hacen más pobre", "¡Qué dulce se vuelve el mar cuando se refleja el cielo!", "Sueño despierto cada día... Y cada noche sueño que despierto", "Todos somos iguales, pero unos más iguales que otros", "Si quieres paz, prepárate para la guerra".

PERSONIFICACIÓN

La personificación consiste en atribuir cualidades propias de seres animados y corpóreos a otros inanimados o abstractos, o acciones y cualidades humanas a seres que no lo son, dándoles vida propia. Es uno de los recursos del que se valen las fábulas, cuentos y chistes.

Ejemplos cortos de personificaciones:
"La lámpara se transformó en el genio"; "El alma aúlla".

EJEMPLO DE PERSONIFICACIÓN

Una montaña le dijo al abismo; - ¡Yo, desde mis majestuosas cumbres, tengo el mundo a mis pies! Contemplo los más bellos amaneceres y crepúsculos, la luz de la luna acaricia cada noche mi cuerpo y siento que puedo tocar las estrellas. Es tan grande mi presencia, que casi puedo sentir que toco al mismísimo Dios. ¿Y tú, abismo? ¿Qué rol cumples allá abajo? -Yo te sostengo.

Autor desconocido

SINESTESIA

La sinestesia es cuando se enlazan, en el discurso, sensaciones que son percibidas por órganos sensoriales distintos.

Ejemplos cortos: "Tu mirada que sabe a hiél"; "Mis manos hablan"; "Hay miradas que lo dicen todo".

EJEMPLO DE SINESTESIA

No habrá radicales ni antirradicales, ni peronistas ni antiperonistas cuando se trate de terminar con los manejos de la patria financiera, con la especulación de un grupo parasitario enriquecido a costa de la miseria de los que producen y trabajan. No habrá radicales ni antirradicales, ni peronistas ni antiperonistas cuando haya que impedir cualquier loca aventura militar que pretenda dar un nuevo golpe.

Raúl Alfonsín
Presidente de la Argentina, 27 de octubre de 1983,
durante la campaña presidencial.

ANÁFORA

La Anáfora consiste en repetir una palabra o conjunto de palabras al comienzo y durante una frase.

Ejemplos cortos: "No perdono a la muerte enamorada, no perdono a la vida desatenta, no perdono a la tierra ni a la nada" (Miguel Hernández); "Quién lo soñara, quien lo sintiera, quien se atreviera..."; "Maldita sea el alma desalmada... Maldita sea

España con verrugas; malditos sean los daños a terceros..." *(Joaquín Sabina)*.

EJEMPLO DE ANÁFORA

En cierto sentido se podría decir que, letra a letra, palabra apalabra, página a página, libro a libro, he venido, sucesivamente, implantando en el hombre que fui los personajes que creé. Considero que sin ellos no sería la persona que hoy soy, sin ellos tal vez mi vida no hubiese logrado ser más que un esbozo impreciso, una promesa como tantas otras que de promesa no consiguieron pasar, la existencia de alguien que tal vez pudiese haber sido y no llegó a ser.

Fragmento de José Saramago
Escritor portugués, al aceptar el Premio Nobel en 1998

ALITERACIÓN

Es la reiteración de ciertas estructuras consecutivas o ligeramente separadas.

Ejemplos cortos: "Ni los niños, ni sus padres, ni sus abuelos, ni nadie..."; "Uno sabe cómo hacerlo; uno es responsable; uno es quien decide..."

SÍMBOLOS Y ALEGORÍAS

Utilizando símbolos podemos crear una realidad o concepto a partir de algo aleatorio, aunque universalmente conocido.

Hay distintos tipos de símbolos, que cambian su significado de acuerdo a las culturas. Cuando se utilizan varios símbolos juntos, se construye una alegoría: consiste en representar una idea abstracta valiéndose de características humanas, objetos o animales.

Ejemplos cortos: "Una paloma blanca, la paz personificada", "Esta cruz que nos hace pensar en nuestro Dios".

EJEMPLO DE SÍMBOLOS Y ALEGORÍAS

Cuando el canal era un río, cuando el estanque era el mar, y navegar era jugar con el viento, era una sonrisa a tiempo, fugándose feliz, de país en país, entre la, escuela y mi casa, después el tiempo pasa y te olvidas de aquel barquito de papel.

Fragmento de 'Barquito de Papel' de Joan Manueí Serrat

» 500 FRASES VALIOSAS PARA DARLE FUERZA A SU DISCURSO

Para articular un discurso potente, que convenza, motive y transmita claramente lo que se necesita lograr, es necesario diseñarlo de acuerdo a una estructura que vaya creciendo en intensidad. Al mismo tiempo, deberá incluir frases como puentes entre sus ideas y conceptos. El objetivo es reforzar conceptos, aclarar o resumir lo que ha expresado; marcar sus diferencias, directa o indirectamente, con opiniones de terceros; acentuar el rumbo de las cosas; en definitiva, ayudar a darle fuerza a su presentación.

Por eso aquí le entregamos 500 frases valiosas para diseñar discursos memorables. Recuerde que sólo son frases de apoyo, y no reemplazan ni conforman, en sí mismas, la estructura de su disertación.

1. A esto le agregaré mi compromiso de mantener el esfuerzo en...

2. A la mayor brevedad posible...

3. A partir de estas evidencias...

4. Abordar en profundidad el problema...

5. Abordaré fundamentalmente el tema de...   -

6. Actuar con la misma coherencia...

7. Actuar decididamente para...

8. Actúen de acuerdo al dictado de sus intereses...

9. Además de ello...

10. Adoptando nuevas medidas...

11. Afectando de manera singular a...

12. Al que no nos vamos a sumar...

13. Algo tan sencillo como...

14. Aliado firme y comprometido...

15. Análisis serio de la realidad...

16. Anhelo que...

17. Ante la difícil situación que vivé...

18. Ante las nuevas amenazas...

19. Aportan su esfuerzo...

20. Apoyando un proyecto de especial importancia...

21. Apoyándonos unos a otros en la tarea...

22. Arbitraremos los medios para...

23. Así como se presentan las cosas...

24. Así y todo...

25. Aunque, mirando esto en perspectiva...

26. Avanza de forma sustancial en algunas materias...

27. Avanzar, sin que nada nos detenga...

28. Básicamente con el mismo criterio...

29. Caminando hacia aquí escuché que...

30. Canalizar los recursos de forma uniforme...

31. Capaces de garantizar...

32. Carece absolutamente de sentido...

33. Como bien conoce...

34. Como bien saben ustedes...

35. Como dice nuestra Misión y visión...

36. Como dicen los que saben...

37. Como no puede ser de otro modo...

38. Como sabemos...

39. Como saben...

40. Como ya se anunció hace algunas semanas...

41. Compartimos el mismo objetivo que ustedes...

42. Con determinación y coraje...

43. Con el aporte fundamental de...

44. Con ese fin...

45. Con la particularidad de que...

46. Con lo cual, en definitiva...

57. Con los matices que fuese necesario...

48. Con total certeza...

49. Con un especial énfasis en...

50. Con una atención muy específica a...

51. Con urgencia se impone...

52. Condicionantes negativos...

53. Conforme al orden establecido...

54. Conforme está establecido...

55. Conocer de primera mano la dimensión de...

56. Conozco profundamente...

57. Consecuentemente, de esta forma,...

58. Constituye una gran prioridad...

59. Constituyen un reto imprescindible...

60. Contribuye con una aportación sustantiva...

61. Contribuye con una aportación sustantiva...

62. Convenientemente informados...

63. Crear, crecer, conseguir lo que nos proponemos...

64. Creo firmemente en lo que hacemos...

65. Creo necesario dejar constancia...

66. Cuando estamos todos en la misma sintonía...

67. Cuando tenemos una fuerte convicción...

68. Cuando todos lo daban por perdido...

69. Cuanto más hagamos, mejor.

70. Cuanto más rápido tomemos decisiones...

71. Cuya tarea pasará a la historia por su...

72. Dada la situación actual...

73. Dar cumplimiento pleno a...

74. Dar un respaldo incondicional a...

75. De especial relevancia...

76. De manera constante y rigurosa...

77. De manera irremediable...

78. De naturaleza representativa...

79. De una manera más concreta...

80. Debe garantizarse la seguridad de...

81. Debe representar también un reto...

82. Debemos considerar sus repercusiones...

83. Debemos desplegar un conjunto de acciones inmediatas...

84. Debemos ser firmes en...

85. Deberíamos contemplar algún aspecto...

86. Debido a la falta de entendimiento...

87. Debo confesarles que...

88. Debo resaltar que a partir de ahora...

89. Decididamente, estamos ante...

90. Dejemos atrás las palabras y pasemos a la acción.

91. Desarrollando todos los aspectos relevantes...

92. Desarrollaremos los instrumentos y herramientas para afrontar...

93. Desbordado por los acontecimientos, tuve que...

94. Desde el punto de vista de...

95. Desembocará lógicamente en...

96. Después de duras y complejas negociaciones...

97. Destinada al desarrollo de...

98. Dicho sea de paso...

99. Dificultades en todos los frentes...

100. Diversas iniciativas en esa dirección...

101. El esfuerzo vale la pena...

102. El incremento registrado...

103. El objetivo es el mismo...

104. El panorama es inmejorable...

105. El panorama es sombrío...

106. El primer paso que vamos a adoptar...

107. El propósito es...

108. Elaborar un plan de acción contra...

109. Ello tiene también una especial importancia...

110. En condiciones de efectividad...

111. En definitiva...

112. En el marco de...

113. En ese sentido volvemos a plantear...

114. En ese terreno...

115. En este sentido...

116. En forma ineludible...

117. En función de las características de...

118. En función de las condiciones...

119. En función de las diferentes características...

120. En la senda de...

121. En las mismas condiciones que se venía desarrollando...

122. En línea con...

123. En lo que te enfocas es en lo que te conviertes.

124. En materia de...

125. En medio de la oscuridad...

126. En modo alguno...

127. En términos estrictamente de..

128. En términos globales...

129. En torno a...

130. En torno a la necesidad de mejora de...

131. En un proceso que ya no tiene retorno...

132. En virtud de un conjunto de normas...

133. Encima de cualquier interés político...

134. Enfocadas u orientadas a...

135. Entre las cuales destacan...

136. Entre los países participantes...

137. Es bueno tener diversas opiniones...

138. Es especialmente relevante...

139. Es hora de tomar conciencia...

140. Es ineludible el próximo paso...

141. Es interesante poder mirar los problemas en perspectiva...

142. Es la gran necesidad de nuestro tiempo...

143. Es la mejor manera de que...

144. Es la única forma que conozco de...

145. Es lacerante, intolerable...

146. Es necesario tomar conciencia...

147. Es por todos conocido...

148. Es posible crear algo mejor...

149. Es un eslabón fundamental para eso.

150. Es un hecho significativo que...

151. Es un valor esencial...

152. Es una apuesta de futuro...

153. Es una condición indispensable para...

154. Es una misión digna y ejemplar...

155. Es una tarea a acometer con urgencia...

156. Es ya una realidad...

157. Esa es la razón por la cual...

158. Esa es la razón por la que...

159. Eso en los siguientes diez días debe corregirse...

160. Eso lógicamente tiene que ver con...

161. Eso nos lleva a recordar que...

162. Especialmente deseo...

163. Está contribuyendo al sostenimiento de...

164. Está contribuyendo al mejoramiento de...

165. Esta es la situación real a día de hoy.

166. Está inmersa en un proceso de renovación...

167. Esta labor se verá reforzada con...

168. Está obligado a actuar con urgencia y con rigor...

169. Está obligado a actuar con vehemencia...

170. Establecer las bases para...

171. Estamos buscando la mejor forma de...

172. Estamos construyendo futuro...

173. Estamos decididamente comprometidos con...

174. Estamos hablando de un ámbito de enorme trascendencia para...

175. Estamos por el buen camino...

176. Estamos trabajando intensamente en...

177. Están adquiriendo una importancia creciente

178. Están contribuyendo a lograr...

179. Estar a la altura de las necesidades de...

180. Estará plenamente operativa dentro de unas semanas...

181. Estaremos de acuerdo en algunos puntos fundamentales.

182. Estas son las líneas maestras de la acción de...

183. Este es un factor esencial...

184. Estos son objetivos irrenunciables...

185. Estoy convencido de que juntos...

186. Estoy convencido de...

187. Estoy en un todo de acuerdo con esto, porque...

188. Estudiar el fondo de la cuestión...

189. Excelencia es la palabra que mejor define...

190. Exige un esfuerzo continuo...

191. Expresar con claridad la voluntad de...

192. Extraordinaria contribución de...

193. Falta de capacidad de gestión...

194. Finalmente me referiré a...

195. Finalmente, quisiera hacer una reflexión sobre...

196. Forman parte de los esquemas de la empresa

197. Gracias al esfuerzo de ustedes se ha logrado...

198. Gracias especialmente por...

199. Ha causado una especial expectación...

200. Ha hecho una gran labor...

201. Ha quedado demostrado que la realidad no es esta...

202. Ha roto la barrera de...

203. Ha sido de una eficacia muy importante...

204. Ha sufrido cambios sustanciales...

205. Hace falta fortaleza para...

206. Hace falta voluntad, coraje y entusiasmo...

207. Hacen falta mucho más que buenas ideas...

208. Hacía usted referencia a...

209. Han sido objeto de atención prioritaria...

210. Han sido objeto de preocupación y atención prioritaria...

211. Hay algo que quiero que sepan...

212. Hay dos cuestiones que deberían ser tratados con el máximo rigor...

213. Hay muchos obstáculos en la lucha por...

214. Hay muchos puntos de vista sobre el tema. Sin embargo...

215. Hay que hacerlo...

216. He querido destacar el empeño que ha sido puesto en...

217. Hemos abordado otras cuestiones que atañen a...

218. Hemos padecido fuertes aumentos de...

219. Hemos superado la prueba con creces...

220. Hoy anuncio ante ustedes...

221. Hoy conocemos los resultados de...

222. Hoy es más necesario que nunca...

223. Hoy es un buen día para recordar...

224. Hoy más que nunca...

225. Hoy quiero asegurar que...

226. Hoy vengo a decirles...

227. Hoy, inevitablemente, necesitamos...

228. Impulsaremos un programa ambicioso...

229. Impulso de los ejes de acción...

230. Incapaces de luchar adecuadamente contra...

231. Incrementarlos medios destinados a...

232. Instrumento que permite desarrollar...

233. Intercambio de puntos de vista...

234. Junto a todo esto...

235. La antesala de un cambio sustancial...

236. La conveniencia de...

237. La fortaleza que tenemos...

238. La meta la vamos a alcanzar...

239. La primera cuestión que debemos abordar...

240. La primera línea de defensa de...

241. La que mejor permite defender los intereses de...

242. La realidad a la que nos referimos...

243. La realidad es bastante evidente...

244. La triste realidad es que...

245. Las actuaciones previstas van a suponer un gran impulso para...

246. Las cosas se pueden lograr desde...

247. Las enormes dificultades que plantea...

248. Las principales beneficiarías de esta medida...

249. Las profundas convicciones del equipo nos llevan a...

250. Le da sustentabilidad en el tiempo...

251. Le voy a hacer alguna consideración al respecto...

252. Leal a sus ideas y a su tierra...

253. Ligado a una última reflexión...

254. Líneas de acción que se han planteado...

255. Llevar a la práctica los puntos anteriormente

256. Lo mismo podríamos decir de...

257. Lo que pone de relieve la singular importancia de...

258. Lo que sí puedo asegurarle es que...

259. Lograr la máxima satisfacción posible...

260. Los datos más recientes hacen predecir...

261. Los invito a acompañarme...

262. Los principales retos que tuviéramos que abordar de cara al futuro...

263. Los resultados están a la vista.

264. Los valiosos aportes...

265. Mantenemos viva la esperanza de...

266. Más allá de las diferencias...

267. Más que buenas ideas, hacen falta resultados.

268. Me alegra particularmente que...

269. Me esforzaré para lograrlo.

270. Me gustaría que ese fuera el principal mensaje...

271. Me sumo a los deseos expresados...

272. Medidas que irán acompañadas de...

273. Medidas que puedan permitir un mejor...

274. Medidas que vayan en la dirección de...

275. Mis primeras palabras van dirigidas a...

276. Nada ni nadie nos hará perder de vista...

277. Nadie lo duda...

278. Nadie va a motivarnos: sólo nosotros podemos lograrlo...

279. Necesitamos tomar las riendas de ...

280. No debería limitarse a...

281. No debiera de producirse...

282. No deja de ser una contradicción en sí misma...

283. No es una mera afirmación...

284. No estar a la altura de las circunstancias...

285. No hay nada más importante que...

286. No hay que demorarse...

287. No lo dudo.

288. No obstante, nos encontramos ante...

289. No podemos compartir que...

290. No podemos estar de acuerdo con que...

291. No saber lo que se trae entre manos...

292. No tenemos dudas respecto a...

293. No tienen vuelta atrás...

294. No veo la hora de que...

295. Nos debe conducir a...

296. Nuestro objetivo no es otro que trabajar por el desarrollo de...

297. Nuestro principal reto es...

298. Nuevamente, es importante...

299. Nunca lo hemos considerado prioritario...

300. Obedece sin duda alguna a la labor de...

301. Ofrecer mayores detalles sobre...

302. Otra de las cuestiones fundamentales...

303. Otro aspecto relevante es...

304. Para abordar un reto de estas características necesitamos...

305. Para alcanzar estos objetivos

306. Para conseguir lo que queremos, vamos a...

307. Para contrarrestar el efecto de...

308. Para cuyo desarrollo solicitaremos el apoyo de...

309. Para ello tienen que tener las condiciones adecuadas...

310. Para poder seguir avanzando en...

311. Para que juntos podamos lograrlo...

312. Para tomar conciencia hace falta...

313. Parece ayer el día en que...

314. Parte esencial de...

315. Participar activamente en...

316. Paso a continuación a hablarles de...

317. Pensando por un momento en...

318. Permítanme comentarles algo importante...

319. Pero a la par, exigen la participación de...

320. Pero ante todo quiero expresar...

321. Pero es evidente que debemos comprometernos ante...

322. Pero es evidente que estamos ante...

323. Pero quiero tranquilizarles porque...

324. Pero sí me gustaría dejarles muy claro...

325. Pero sí me gustaría señalar que...

326. Pero tampoco es menos cierto que...

327. Pese a los graves problemas de...

328. Pido que sea consecuente con...

329. Plantea la necesidad de que...

330. Podemos revertir los resultados...

331. Pondrá todo su empeño en...

332. Ponerle énfasis en...

333. Por consiguiente, creemos que es una medida inadecuada...

334. Por determinadas circunstancias ajenas a nuestra voluntad...

335. Por ello reitero que...

336. Por eso los invito...

337. Por poner ejemplos reales...

338. Por su parte...

339. Por supuesto...

340. Por todo lo anteriormente expuesto...

341. Por todos los que están haciendo posible que...

342. Porque entendemos que esta es la única forma de conseguir que...

343. Posición clara y contundente...

344. Posicionarnos de manera decidida en...

345. Principal órgano de coordinación...

346. Principalmente debido a...

347. Priorizar el máximo esfuerzo en...

348. Procederemos a su aplicación y desarrollo...

349. Procedimiento ágil y seguro...

350. Proceso de convergencia...

351. Pronto vamos a poder valorar sus resultados.

352. Proponer futuras líneas de actúación...

353. Puede corroborar que...

354. Puede resultar muy útil...

355. Puede y debe mejorar...

356. Puntos que es necesario abordar...

357. Puso de manifiesto...

358. Que desde luego es el objeto que nos venimos marcando...

359. Que ha permitido que...

360. Que han caracterizado buena parte de la acción de...

361. Que sin duda alguna posibilitará...

362. Que viene padeciendo desde hace mucho tiempo...

363. Queda un gran tramo por recorrer.

364. Quién dijo que es imposible...

365. Quiero agradecer a todos ustedes por...

366. Quiero agradecer nuevamente...

367. Quiero asegurarles que hemos iniciado el camino de la recuperación...

368. Quiero decirles sinceramente que...

369. Quiero dedicar una especial atención a...

370. Quiero dejar en claro que...

371. Quiero en primer lugar agradecer el esfuerzo de...

372. Quiero especialmente subrayar...

373. Quiero expresar mi satisfacción por...

374. Quiero felicitar por este compromiso...

375. Quiero formalmente trasladar núestro apoyo a...

376. Quiero hacer un reconocimiento a la muy importante labor de...

377. Quiero ratificar...

378. Quiero reiterar públicamente...

379. Quiero subrayar que...

380. Quiero sumarme a...

381. Quisiera destacar...

382. Realizar un análisis exhaustivo sobre...

383. Recordando lo que dije hace unos minutos...

384. Recordarán ustedes que...

385. Reforzando la...

386. Reitero...

387. Respuesta transparente y clara...

388. Resulta evidente que...

389. Sé del esfuerzo...

390. Se está convirtiendo rápidamente en el primer...

391. Se ha centrado especialmente en...

392. Se ha consolidado como...

393. Se ha diseñado un paquete de medidas...

394. Se ha encargado de llevar a cabo la...

395. Se ha extendido prácticamente a...

396. Se ha puesto en marcha el...

397. Se lo aseguro...

398. Se olvida de otro tema muy importante...

399. Se opone radicalmente contra este tipo de...

400. Sé positivamente que...

401. Se requieren muy pocas explicaciones...

402. Se van a concentrar los esfuerzos de...

403. Se ve reflejado en...

404. Se verá sustancialmente incrementado...

405. Sea de una vez por todas realidad...

406. Seguiremos poniendo en marcha medidas y planteando nuevos retos...

407. Será, de una vez por todas, lo que la mayoría sabe que es mejor...

408. Será sin duda alguna...

409. Si queremos otra realidad, cambiemos...

410. Siempre hago lo que digo. Y por eso...

411. Siempre teniendo en cuenta que...

412. Siendo un eje de desarrollo...

413. Sin duda alguna...

414. Sin embargo...

415. Situarse en el entorno de...

416. Sobradamente conocido...

417. Sobre esta materia...

418. Sobre la base de lo que he compartido...

419. Sobre la base de que...

420. Solamente con palabras no cambiaremos las cosas.

421. Solicitar el apoyo de...

422. Sólo cabe una conclusión...

423. Sólo nosotros sabemos cómo hacerlo...

424. Solución acertada...

425. Someterlo a su consideración...

426. Son pilares fundamentales para...

427. Son formas esenciales para lograrlo…

428. Son sin duda alguna muy significativos...

429. Son un claro ejemplo de ello...

430. Son un parámetro indispensable para la toma de decisiones...

431. Soñar no cuesta nada.

432. Soy el primero que lo siente así.

433. Soy muy consciente de la enorme dificultad que implica...

434. Su actuación vendrá marcada por...

435. Su importancia se destaca por...

436. Su labor resulta de gran importancia...

437. Sueño con el día en que...

438. Supone un paso sustancial en...

439. Sus efectos ya no se limitan a...

440. Tal como ha venido haciendo gala...

441. Talante y serenidad...

442. También nos gustaría conocer...

443. Tantas veces como sea necesario...

444. Tendré la satisfacción de...

445. Tendremos la oportunidad de asumir mayores responsabilidades...

446. Tendremos que seguir encarando situaciones adversas...

447. Tenemos el firme propósito de...

448. Tenemos el reto de incrementar la eficiencia...

449. Tenemos en nuestras manos...

450. Tenemos las respuestas...

451. Tenemos por delante el reto de...

452. Tenemos que desarrollar estas actividades sin afectar a...

453. Tenemos una oportunidad única...

454. Tenemos una sensación de indignación...

455. Tengo confianza plena en...

456. Tengo fe absoluta en...

457. Tengo la esperanza de que...

458. Tengo mucho que agradecerles...

459. Tiene como principal objetivo que...

460. Todo ello trajo por consecuencia...

461. Todos aquellos aspectos que hacen referencia a...

462. Todos sabemos cómo lograrlo.

463. Todos y todas ustedes han permitído...

464. Tomando como referencia...

465. Totalmente insostenible...

466. Trabajar conjuntamente y a fondo en el tema de la seguridad por...

467. Trasciende las fronteras de...

468. Una llamada a la conciencia general...

469. Una política fundamental en este campo...

470. Una vez establecidos los aspectos básicos de...

471. Una vez más es importante saber que...

472. Una vez me dijeron que...

473. Una y otra vez, no me cansaré de decir que...

474. Uno de los objetivos fundamentales que nos planteamos...

475. Uno de sus máximos objetivos...

476. Usted ha hecho referencia a...

477. Va siendo hora de que...

478. Valoramos muy positivamente que...

479. Vamos a estudiar con mucho gusto...

480. Vamos a liderar este esfuerzo...

481. Vamos a llevar a cabo las siguientes medidas...

482. Vamos a tratar en primer lugar de

483. Vamos decididamente hacia...

484. Vamos por el buen camino

485. Visualizo un profundo despertar de conciencia...

486. Y con todo lo que esto implica...

487. Y de manera muy especial...

488. Y desde luego, lo que no vamos a hacer es...

489. Y espero que la historia pueda juzgarnos por haber...

490. Y lo que es más importante...

491. Y muy especialmente agradecer la presencia de...

492. Y no le quepa ninguna duda de que...

493. Y por supuesto hemos actuado firmemente...

494. Y quiero decir algo que es tan importante como...

495. Ya sabemos cómo son las cosas cuando...

496. Ya tenemos la experiencia de...

497. Yo creo que por lo tanto...

498. Yo estoy de acuerdo con la lógica de...

499. Yo no creo que sea lo más apropiado...

500. Yo simplemente los invito a que...

Cómo darle brillo a su presentación

Los secretos del buen uso del Power Point y otras herramientas, sin abrumar al público y generando un impacto diferencial

» CLAVES PARA HACER EXPOSICIONES CON DISEÑOS DE ALTO IMPACTO

Actualmente, existen muchos programas informáticos dedicados al diseño de presentaciones para apoyar nuestros discursos y oratoria. Uno de los más extendidos por la multiplicidad de recursos que ofrece y su fácil manejo es el PowerPoint (de Microsoft).

Esa aplicación fue creada para desarrollar distinto tipo de presentaciones gráficas incluyendo tipografías, sonidos, animaciones, videos incrustados, colores y otros recursos. Su objetivo es facilitar la exposición del orador, y puede aplicarse en todos los campos donde se necesite mejorar la puesta en escena de una presentación.

Cuando se aprende a utilizarlo correctamente, se obtienen, con éste y otros programas, un alto impacto. Sin embargo, el desconocimiento de la articulación del discurso entre lo que va a decir y lo que el público verá en la proyección, puede generar errores o malas interpretaciones que es posible evitar.

Para ayudarlo a armar sus apoyos visuales con alto impacto y efectividad, desarrollaremos algunas claves como guía.

1. EL SOPORTE AUDIOVISUAL ES UN APOYO: NO REEMPLAZA A SU DISCURSO. Cualquier herramienta de diseño solamente busca apoyar sus conceptos y contenidos. No los reemplaza ni tiene como objetivo dejarlo a usted en un segundo plano. Porque por más atractivas y llamativas que sean estas diapositivas o placas que proyecte, nada reemplaza el efecto de emoción, entusiasmo y participación que despertará el orador en vivo.

Muchos oradores utilizan "fuegos artificiales" -como los denominamos los profesionales- para tratar de reemplazar o compensar un contenido débil y poco atractivo. Sin embargo, el público reconoce estos efectos, y no se deja engañar fácilmente.

Por lo tanto, utilice las ayudas visuales alineadas con la calidad de su discurso. Construya un mensaje desde las proyecciones como apoyo a su discurso, utilice frases cortas y de impacto para fijar conceptos, y mantenga un estilo de diseño apropiado a la ocasión.

2. NO LEA DE LA PANTALLA. Este es otro de los problemas frecuentes de los oradores. Cuando usted lee de la pantalla, se está perdiendo la oportunidad de explayarse con mayor soltura y conectarse mejor con su público. Por otro lado, no necesita hacerlo, porque ellos ya lo están leyendo.

El efecto que logrará es el aburrimiento, en el mejor de los casos. Por eso tenga presente, una vez más, que fueron a verlo a usted, y no a su bonita presentación en pantalla.

3. DISEÑO: CUÁNTO MÁS SENCILLO, MEJOR. Los gráficos sencillos, diapositivas con la información justa y fácil de comprender, son las más eficaces.

En este sentido, no aplique grandes cantidades de texto en cada diapositiva. Por ejemplo, establezca su propio patrón de diseño, y replíquelo a lo largo de la presentación. Una medida estándar sería no más de 5 a 8 líneas de texto por cada diapositiva. Esto le permitirá usar una tipografía grande, que facilite la lectura.

Podrá colocar discretamente su nombre o el de su empresa, como pie de cada una, apoyando su conocimiento institucional.

Otra clave es no saturar de información; sobre todo teniendo en cuenta que esos datos serán sólo un apoyo a lo que usted dirá en escena. Por lo tanto, el programa de diseño es su complemento, y no al revés. Por esto mismo es recomendable que no incluya textos idénticos a como los dirá en vivo. Es mejor usar síntesis de conceptos para apoyar sus ideas.

4. SI USA CIFRAS O DATOS, COLOQUE SÓLO LO IMPRESCINDIBLE. Un error frecuente de los oradores inexpertos es incluir muchas cifras y datos en las proyecciones.

Excepto que se trate de una reunión específica donde deba compartir esas gráficas, la recomendación es que sólo incluya los datos imprescindibles. Póngase en situación del auditorio: entre lo que usted comentará verbalmente, y lo que proyecta, gran parte de esa información pasará desapercibida. Nadie tiene tiempo para leer y decodificar semejante estructura de mensajes complejos.

Recuerde que podrá distribuir notas, informes, apuntes y resúmenes en papel y formatos digitales como complemento de su exposición.

5. NO REPITA INFORMACIÓN. En la pantalla colocará cierta información clave, y podrá acompañarla con detalles en su alocución en vivo. Por eso, no repita datos más allá de lo necesario.

Tampoco es conveniente realizar más comentarios si éstos ya aparecen mostrados en pantalla.

6. CHEQUEO TÉCNICO PREVIO. Es fundamental que consulte con los encargados técnicos del salón, y chequee previamente la proyección, incluyendo un rápido repaso por todo lo que va a proyectar. Tenga en cuenta que si incrusta -agrega- videos en su programa de presentaciones, en ciertas ocasiones no se reproducirán correctamente si falla la debida configuración. Por lo tanto, asegúrese de que estén bien cargados, convenientemente identificados, y que el sistema de sonido esté conectado a la computadora: de lo contrario proyectará video sin sonido.

7. DÉ RESPIRO AL PÚBLICO. La idea no es abrumar a su audiencia con la presentación en vivo, ni tampoco con la proyección. Debe ser una experiencia completa, donde se conecte e integre la información a presentar. Por eso es conveniente que intercale diapositivas en blanco o con poco texto; frases cortas, fotografías -recuerde obtener los respectivos derechos para su uso, o tomarlas de bancos de imágenes de libre acceso-, para que el público pueda distenderse.

8. DISEÑOS ATRACTIVOS, PERO SIN EXAGERAR. Si no está familiarizado con el diseño de presentaciones audiovisuales, es recomendable que contrate a diseñadores y realizadores especializados. Podrán ayudarlo y guiarlo en el armado de un material de alto impacto.

Recuerde que siempre conviene utilizar diseños atractivos, pero sin exagerar ni distraer. En este sentido, el uso de colores, tipografías, contrastes e ilustraciones resulta fundamental.

Una presentación debe estar enriquecida por los recursos disponibles; pero caer en excesos puede volverse en su contra. Sin embargo, siéntase libré de probar y experimentar.

Aquí van algunos ejemplos:

A. Puede incluir guiños conceptuales con el público de la sala (por ejemplo, incluyendo una foto que todos conocen).

B. Pida a un asistente que tome fotos generales de su audiencia antes de ingresar a la sala, y colóquelas rápidamente dentro de su presentación para impactarnos en un momento determinado.

C. Tome algunas frases que recogió durante .el primer tramo de su disertación, y refléjelas tipeadas en algunas diapositivas de la segunda parte.

D. Utilice librerías musicales, que, incluso, vienen en los propios programas, para sumar moderadamente algunos efectos sonoros.

E. Aproveche los efectos de transición visuales que vienen pre-programados, como los fundidos, los cambios de una pantalla a otra, la "metamorfosis" de un rostro en otro; etcétera.

9. PREPARE MATERIALES ESCRITOS Y ENTREGÚELOS ORDENADAMENTE. Como hemos visto, el público necesita estímulos para concentrarse y seguirlo con atención. Por lo tanto prevea todas las formas a su alcance para evitar su dispersión.

Así, entregue los materiales escritos en una secuencia lógica que acompañe su exposición (por ejemplo, si está dictando una capacitación).

En el caso de una conferencia de prensa, una información ampliada podrá ser entregada a la salida de los periodistas. Aunque si necesita poner un contexto y marco de conocimiento antes de su oratoria, podrá dar primero una síntesis al ingreso, y ampliar a la salida.

Otro aspecto importante: dé precisas instrucciones al público sobre el material con que contarán. De esta forma evitará que se pasen toda su disertación tomando notas, cuando, muy probablemente, gran parte del material será entregado al finalizar la exposición.

10. LAS PRESENTACIONES SON DINÁMICAS: CÁMBIE-LAS. Si bien puede tener algunas presentaciones pre diseñadas, recuerde que cada auditorio es diferente, por lo que es imperioso que cambie sus proyecciones y las adapte cada vez que sea necesario.

Como orador eficaz, debe saber que los únicos privilegiados son los asistentes; por lo cual la mirada y el objeto de su discurso cobran sentido si ellos están atentos y siguen su alocución.

Además, los programas informáticos permiten agregar, quitar y ajustar los contenidos muy rápidamente.

11. NO A LAS FALTAS DE ORTOGRAFÍA Y GRAMATICA-LES. Es fundamental que como orador cuide todos los detalles.

Dentro de ellos están la correcta ortografía y gramática en el material que proyecte, como así también en lo que dé por escrito.

Es inaceptable tener errores de esta especie, o los muy frecuentes problemas de tipeo: para eso necesita preparar el material con antelación.

12. UTILICE PUNTERO LÁSER. Una buena forma de resaltar algunos conceptos es disponer de un puntero láser. Algunos sistemas de proyección permiten, cual control remoto, unificar en un solo aparato el pasador de diapositivas y el puntero.

La proyección del haz de láser le permitirá remarcar a distancia cualquier concepto que tenga en pantalla.

13. DESPLIEGUE INFORMACIÓN PASO A PASO. Otro error frecuente del orador principiante es desplegar absolutamente todos los contenidos en la pantalla. Pero con esto seguramente hará que su público se disperse.

Es conveniente que programe las diapositivas y placas una a una, para ir mostrando punto por punto los conceptos a medida que los va abordando.

14. CREE UN ESTILO VISUAL (LOOK & FEEL) ACORDE A LA IMAGEN DE SU CONTENIDO. Si representa a su empresa, lo conveniente es utilizar como base el manual de identidad corporativa, para alinear el diseño a proyectar con colores, logotipos y tipografías congruentes. En caso de trabajar en forma independiente, y tener identidad desarrollada para su papelería comercial, replique este procedimiento. En todo momento debe transmitir coherencia en el mensaje. Imagine la instancia cuando deba entregar una tarjeta personal completamente diferente al estilo de lo que acaba de proyectar: es más difícil lograr el "link" de imagen en su público.

15. COLOQUE EL PROYECTOR DONDE USTED NO LO OBSTRUYA. Un detalle importante es que coloque el cañón proyector en un lugar lo suficientemente alto para que usted, si debe desplazarse por delante de la pantalla, no obstruya la proyección.

El juego de "sombras chinescas" que se produce al pasar por delante del haz de proyección, desluce mucho su presentación.

Lo ideal es colocar el proyector al nivel del techo, asegurándose de que no produzca distorsiones por los cambios de ángulos de proyección. Los técnicos son especialistas en corregir estas situaciones.

> *La comunicación nunca es fácil, ni aun entre personas que tienen muchos méritos o valores y experiencias comunes. Las parejas que han vivido juntas durante 30 años, todavía tienen malentendidos todos los días. Entonces, no es sorprendente que haya poca comunicación entre personas que aún no se conocen bien. Independientemente de lo que digas, debes esperar que la otra parte, casi siempre, escuche algo diferente.*
>
> **William Ury**
> Especialista en negociación y comunicación familiar

10 claves para moverse en el salón como pez en el agua

1. El salón es su territorio, por lo cual cuando gane confianza, podrá utilizarlo en su totalidad para desplazarse y mantener al público entusiasmado y dinámico.

2. Busque momentos de cercanía con el público: esto contribuirá a su autoconfianza y a despertar mayor rapport con los asistentes.

3. Acérquese con confianza a una persona que, en su percepción, está extendiéndose demasiado en sus comentarios. De esta forma, sutil, la irá persuadiendo de que es hora de terminar.

4. Si invita a alguien a realizar un ejercicio con usted, debe explicarle claramente cómo será la experiencia. La intención no es intimidar, sino comunicar y conectar con el público.

5. En caso de necesitar tener algún tipo de contacto físico con la otra persona (por ejemplo, dándole una palmada, o un abrazo, para ejemplificar algo), necesita tener su previa autorización.

   Claves:

   A) Elija personas que están siguiendo atentamente su presentación.

   B) Busque a aquella que percibe mayor empatía, asiente y le acompaña desde el auditorio.

   C) Llámela por su nombre.

   D) Invítela a subir al escenario y solicite un cálido aplauso de bienvenida. Aplauda usted también, recordando que, si tiene micrófono, vale más el gesto que el aplauso en serio, para no generar ruidos molestos amplificados.

   E) Si va a tocar a la persona, dentro de las normas del absoluto respeto, consulte directamente. "¿Puedo darte un abrazo?" o lo que sea.

   F) Pida un aplauso final de agradecimiento.

   G) Acompañe a la persona hasta que bajó del escenario o tarima, y se encaminó hacia su asiento.

   H) No elija siempre a la misma persona cada vez que necesite ejemplificar algo.

   I) Intercale invitados de ambos sexos para hacer los ejercicios con usted.

6. Baje al nivel del público: cuando deba responder algo específico, que puede ser íntimo o profundo, no dude en acercarse, o hasta agacharse, para quedar con una mirada directa hacia esa persona.

7.	Experimente soltura corporal al moverse entre el público. No hay nada más contraproducente que manifestar nervios y moverse como si fuese un robot. Cuanto más espontáneo, mejor.
8.	Retroaliméntese de lo que dice el público. Puede adherir graciosamente a un chiste o una acotación jocosa, y, desde allí, seguir con su tema. La intención es generar un ambiente distendido y de alto impacto.
9.	Rompa las formas, sin pasarse de la raya. Ingrese al salón por el lugar menos esperado por el público. Entre hablando desde afuera, cuando aún no está a la vista. Acompañe con miradas mientras camina por el salón. Busque y cree la complicidad de la audiencia.
10.	Haga pausas, y tómese un descanso en los recesos. Son espacios de reconexión con usted mismo, mientras el público se distiende. Aproveche para preparar lo que sigue; bajar su ansiedad o nervios; y para ordenar cualquier necesidad operativa en el salón.

No basta con decir una cosa correcta, en el lugar correcto. Es mejor todavía, no decir algo incorrecto en un momento tentador.

Benjamín Franklin
Político, científico e inventor estadounidense

» FORMATOS DE AUDITORIOS

Dependiendo del tipo de salón, temática, público y muchos otros factores, deberá definir de antemano cuál es el formato en que estará armado el auditorio.

También influyen los horarios, los tamaños de salones, la iluminación natural y artificial, las salidas de emergencia, y, sobre todo, el objetivo de la capacitación. Por ejemplo, necesita considerar si habrá escenario; dónde estará la pantalla; si el público tomará notas; si se servirá un café mientras se desarrolla el curso -lo cual deberá predisponerlo a soportar ruidos y distracciones en el salón-, etcétera.

En grandes rasgos, aquí va un detalle de formatos de armado de salones:

Auditorio o teatro: las sillas para participantes se ubican en dos módulos, con pasillos laterales y un pasillo central. Es ideal para las conferencias o para acontecimientos en que usted, como orador, quiera mantener mejor contacto con el público. El escenario o tarima se colocará en una de las paredes -no es recomendable con ventanas de fondo-y luego, se distribuirán cómodamente las hileras de sillas mirando hacia ese punto central donde usted estará haciendo su oratoria.

Aula o escuela: al igual que en el colegio, se trata de colocar mesas para tomar notas, como los conocidos bancos escolares. El formato de sillas es el mismo que en el formato de auditorio, aunque, por el espacio que ocupan las mesas, se reducirá la cantidad de sillas respecto a aquel. Se utiliza para capacitaciones, cursos, workshops y cualquier situación donde el eje sea la educación.

Mesas redondas: en muchas ocasiones se utiliza el armado de mesas circulares para seminarios, charlas capacitaciones, y, por supuesto, para todo tipo de eventos sociales y corporativos. Las mesas circulares facilitan el diálogo entre personas desconocidas. Sin embargo, debe estudiarse cuidadosamente su ubicación, ya que al menos tres o cuatro participantes quedarán de espaldas al orador si se ubican ocupando toda la mesa. Esta forma también se usa para cenas donde usted deba dar un breve discurso o brindis, aunque actualmente también se aplican estilos más descontracturados, mezclando lo formal con livings, espacios con sofás y otros módulos para sentarse, incluyendo mesas de apoyo. Imperial: Es una mesa por lo general oval, de grandes dimensiones, donde se coloca una persona de alto rango en cada cabecera -por lo general los anfitriones o lo que indique el protocolo-. Es un armado que se usa para reuniones de negocios, de directorio, y para comidas con reducidas cantidades de participantes.

Estrado: se trata de un módulo de apoyo ubicado estratégicamente donde el público pueda ver al orador. Puede ser de madera u otros materiales, y, desde allí, se dirigirá la alocución. En caso de jornadas extensas, y cuando haya un presentador, éste podrá ubicarse en otro lateral, en off -fuera de la vista del público- o en escena, si tuviese un rol preponderante como moderador. Los estrados tienen una superficie de apoyo levemente inclinada, para apoyar papeles; espacio para agua, micrófono y algunos estantes para colocar otros dispositivos, como una computadora o lo que se requiera.

Mesas en U: Siguiendo la forma de la letra U, este armado utiliza sólo la parte exterior de las mesas. Es utilizado por lo general para una conferencia o presentación con una moderada cantidad de participantes, y cuando deba asegurarse que todos puedan ver una proyección o al orador, que estará al frente. También se usa para servir comidas formales donde es necesario que los participantes tengan contacto visual entre sí. Por lo general, las máximas autoridades se ubican en la parte central de este armado.

Armado de mesas en Peine: Utilizadas en banquetes, se dispone una mesa central larga, con tres perpendiculares, formando una letra E. Por la disposición de los invitados -muchos de los cuales quedan de espaldas-es una estructura poco integradora.

Formato de Cocktail: Dentro del salón se deja un considerable espacio vacío para permitir que el público se mueva libremente. En laterales, hay mesas de apoyo para copas, platos y otros elementos. Es posible que si el orador deba decir su alocución, sea necesario un gran esfuerzo para llamar la atención del público. Aquí van dos trucos para lograrlo: 1) Baje la intensidad de las luces. Al notar el cambio, los asistentes tomarán conciencia de una instancia diferente en la presentación, y es posible que se vean estimulados a prestar atención. 2) Suba el volumen de una música de presentación, baje las luces, e ilumine fuertemente el sector de tarima o escenario. El público rápidamente decodificará que algo nuevo estará sucediendo. 3) Baje mucho más las luces y proyecte un video impactante, con un volumen alto aunque sin aturdir. Esto hará que la gente preste atención al video, y luego, pueda predisponerse mejor a escuchar su discurso. 4) En cualquier caso, suspenda el bandejeo de alimentos y bebidas desde los diez minutos previos a la presentación central y a su discurso, para evitar más distracciones en la sala.

Mesa cuadrada: Es un formato con cuatro lados, y un espacio libre cuadrado central, donde puede ornamentarse con un arreglo de plantas o flores. Esta mesa permite que todos los presentes tengan contacto visual y pueda lograrse cierto ámbito de intimidad e integración. La cantidad de personas es limitada. El orador puede ubicarse en uno de los puestos centrales de los lados, por lo general del opuesto a la puerta de acceso al salón. Desde allí podrá dirigirse al grupo.

» CÓMO ILUMINAR EL ESCENARIO

El tratamiento de la iluminación del salón donde estará ofreciendo su oratoria reviste tanta importancia como el armado del salón y su presentación. Un espacio lúgubre, con poca luz, lámparas quemadas, artefactos mal ubicados, la tarima fuera de cuadro respecto a la puesta de luces, y otros aspectos de descuido, irán en contra de su éxito.

Por lo tanto, se recomienda que conozca el salón con anterioridad, y realice los ajustes necesarios. Muchas veces, los organizadores buscan salones de bajo costo, aunque no toman conciencia del impacto negativo que tendrá.

Al igual que su presencia y aspecto personal, la iluminación debe acompañar su presentación. Si está en pequeños auditorios, es conveniente que la luz se mantenga pareja en la sala, y más fuerte en el sector del escenario o tarima, con luces de tipo cenital (desde arriba y perpendiculares a su espacio de oratoria).

Otro detalle fundamental es que la luz no impacte directamente en la pantalla de proyección; si bien hoy existen cañones de alta luminancia para proyectar, incluso, al aire libre y de día con aceptables resultados, lo más frecuente es que deba cuidar las luces para no opacar lo que utilice como soporte audiovisual.

Si está dictando una capacitación y el publico debe tomar notas, tome los recaudos de controlar y probar las luces con anterioridad. Necesita estar seguro que la sala quedará en un nivel aceptable para que todos puedan ver correctamente.

La falta de luz, así como el exceso, siempre juegan en contra. Porque una luz excesiva acentuará cualquier defecto de piel, ropa, etcétera. Y la ausencia de buena luz hará que el grupo no se sienta a gusto, y usted deberá, como orador, hacer un gran esfuerzo por mantenerlos atentos y entusiasmados.

En caso de que el salón cuente con ventanales y luz natural, debe cuidar que éstos no distraigan a los participantes. Lo más conveniente es cerrar las cortinas, y trabajar con luz artificial durante su discurso o alocución bajo techo.

Si su oratoria es al aire libre y de día, asegúrese de que la ubicación del escenario sea apta para permitir que lo vean desde todos los ángulos, y que el sol no dé directamente en su rostro: la intención, siempre, es que pueda sentirse cómodo, y mirar, aunque sea a la distancia, los rostros de los presentes.

Si está al aire libre, y es de noche, prevea repasar el sistema de luces previsto para asegurarse excelente iluminación durante su discurso. Incluso, si debe leer, puede pedir que coloquen una pequeña lámpara para darle luz a sus notas, sin que el público lo perciba.

Si lee desde una pantalla o un teleprompter -como analizamos en el libro 5 de Cómo hablar bien y vender mas Parte I-, también tiene que tomar en cuenta que la luz no refleje en el aparato, porque se dificultará su visión.

Otro aspecto relacionado con la iluminación es el uso de anteojos. Si los utiliza para leer o en forma permanente, es conveniente que utilice lentes fotocromáticos, de modo tal que la luz no impacte directamente en su vista.

El uso de reflectores con luces de colores puede servir para ambientar el escenario, aunque no son recomendables como luz permanente para el tiempo de su discurso.

Cuando la idea ha sido transmitida, poco importan las palabras que le han servido de escolta.

De "Zhuangzi",
una de las obras principales del pensamiento chino.

¡Sí! 25 consejos para emocionar a su público

1.	Use música inspiradora y apropiada
2.	Reciba a su público en la puerta, a medida que van ingresando
3.	Refiera alguna anécdota que conecte profundamente con el público
4.	Prepare varias lecturas como si fuese un "cuenta cuentos" profesional
5.	Siéntese entre el público cuando pueda, por ejemplo, si un grupo pasó al frente a hacer una presentación de lo aprendido. Luego, desde ese lugar, interactúe
6.	Cree climas con los sonidos
7.	Aplique aromas para purificar el aire
8.	Imagine una columna de luz blanca en el centro del salón, como apoyo a la energía espiritual que pueda invocar para que lo asista, a usted y a los presentes. Aplique cualquier fórmula que haga sentido para usted
9.	Llame a las personas por su nombre
10.	Recuerde los nombres de las personas con las que interactúa
11.	Impulse el intercambio de ideas en los recesos del público
12.	Motívelos desde el principio hasta el fin
13.	Sostenga en todo momento una visión positiva y constructiva
14.	Ábrase a compartir
15.	Observe lo que recibe de su público: es el mejor feedback para detectar cómo es su desempeño
16.	Ancle información en forma clara, concisa y práctica. Utilice las técnicas que compartimos en esta colección "Comunicación y Ventas"
17.	Prepárese para el aplauso por el buen trabajo que ha realizado
18.	Aliente a los participantes en toda ocasión. No escatime palabras de apoyo
19.	Estimule la creatividad del grupo. Escuche atentamente y sugiera ideas superadoras, que los hagan "salir de la caja" de lo conocido y frecuente
20.	Sea suave con usted y con los participantes: no hace falta agredir ni mantener una posición dominante todo el tiempo
21.	Detecte puntos de inflexión en su discurso. Baje el tono. Relaje al público. Dé respiros frecuentemente. Y retome con toda la fuerza e ímpetu
22.	Maneje los distintos tonos de voz para crear climas y reforzar conceptos

23.	Lleve un archivo personal de textos inspiradores y complementos de información: nunca sabe cuándo necesitará usarlos
24.	Asegúrese de que funcionen correctamente los equipos técnicos, aire acondicionado, calefacción, ventilación, servicio del salón, asistentes y todos los detalles operativos: esto hace una diferencia sustancial y le permitirá estar con mayor calma y enfoque
25.	Utilice frases de impacto y conceptos universales para afianzar su discurso. Toque el corazón de cada persona en una experiencia motivante e inolvidable.

» UTILIZANDO ELEMENTOS DE APOYO

SONIDO

La amplificación del sonido es de fundamental importancia dentro de los rubros técnicos para cualquier presentación.

Consulte con los especialistas sobre qué tipo de equipamiento tendrá disponible. En los DVD del curso de oratoria que acompañan los tomos 5 y 6 de esta colección, encontrará capítulos específicos sobre el sonido y los micrófonos.

Una vez más, recuerde probar con antelación los micrófonos que utilizará. Prevea sistemas de repuesto por si algo falla. Asimismo, si hay auditorios numerosos, necesitará ayuda para acercar micrófonos a las personas que quieran hacer preguntas.

Puede prever un sistema de retorno cerca de su espacio escénico, para tomar conciencia y registro de cómo está proyectando su voz.

Tenga en cuenta no producir acoples molestos si se desplaza por el salón.

ROTAFOLIOS Y PIZARRAS

Los elementos de escritura en el escenario conforman un capítulo en sí mismos, ya que, además de la proyección de información, podrán ser útiles para complementar lo que necesite dejar asentado.

Los rotafolios -también conocidos como papelógrafos- se componen de un atril y un block de papel en hojas de gran formato, y marcadores de distintos colores para hacer anotaciones.

Las pizarras son conocidas por todos. En ambos sistemas, la ventaja es poder hacer anotaciones rápidas sobre cosas que no están incluidas en la proyección; reforzar conclusiones elaboradas grupalmente, y hasta dar alguna instrucción especial.

El punto débil es el tiempo que le tomará escribir. Y otro aspecto relevante: tenga cuidado de no hacerlo en silencio ni completamente de espaldas a su público. Recuerde que necesita mantener la empatía y conexión con el público todo el tiempo. Tenga en cuenta borrar los contenidos escritos al finalizar el curso, o si no volverá a utilizar dicha información en la jornada.

En el caso del rotafolio, podrá mantener las notas y recurrir a ellas cada vez que lo necesite.

También existen las pizarras digitales, que son grandes pantallas táctiles con múltiples aplicaciones. Si bien su alquiler es algo costoso, son de alto impacto, ya que permiten, incluso, insertarles videos, animaciones y otros recursos, como una pantalla digital de última generación.

VIDEOS

El uso de videos es sumamente atractivo para enriquecer el contenido. Pero debe tener en cuenta que su duración no opaque ni eclipse su presentación, y que el contenido sea en todo congruente con la exposición.

Internet es una inagotable fuente de recursos de video para sus presentaciones. Sin embargo, muchas veces necesitará cerciorarse de los derechos de uso del material. Recuerde incluir las fuentes del mismo.

Proyecciones extensas, como una película completa o un documental, pueden insertarse si la duración de su curso así lo permite. Sin embargo, lo mejor es utilizar segmentos breves que sirvan como ilustración, pero que no reemplacen su espacio como orador.

Asegúrese de que los videos funcionen correctamente. Tenga en cuenta que no es lo mismo visualizarlos en su computadora, que en pantalla gigante y con audio amplificado.

¡No! 25 formas seguras de aburrir al público

1.	Hablar en forma monocorde
2.	No utilizar materiales de apoyo
3.	Lucir descuidado y poco profesional
4.	Hacer una presentación extensa sin sentido
5.	Abrumar con cifras y datos que podrían obviarse
6.	Llegar tarde
7.	No controlar los sistemas, el salón y los detalles
8.	No presentarse correctamente
9.	Tener expresiones duras, sarcásticas e irónicas con su público o dentro de su discurso
10.	Enfocarse en criticar y no en construir
11.	Plantear ideas pero no decir cómo las llevará a cabo
12.	Creerse superior a su público
13.	No abrirse a recibir feedback
14.	Interrumpir a la gente cuando oye cosas que no le gustan
15.	Escapar a las preguntas
16.	Mostrarse nervioso e inseguro
17.	Tartamudear, transpirar y denotar tics nerviosos
18.	Mantener un ritmo excesivamente lento y pausado en exceso
19.	No diseñar una presentación audiovisual profesional
20.	Cometer faltas de ortografía
21.	No entregar material complementario con conceptos interesantes
22.	Pasarse de listo
23.	Extenderse respecto a los horarios previstos
24.	Quedarse mudo e inmovilizado por el miedo
25.	Lucir desganado, con poca energía.

Las 100 preguntas frecuentes sobre oratoria

Desde las dudas más simples hasta las cuestiones más específicas, paso a paso, las respuestas para impactar con su discurso

1. ¿DÓNDE PONGO LAS MANOS?

Si está con un atril o mesa, puede apoyar las cruzando levemente los dedos. Si está de pie, utilice gestos medidos para apoyar sus conceptos. No coloque las manos en los bolsillos, ni por atrás, ni cruzadas por delante; tampoco mantenga sus brazos cruzados: son todos signos de inseguridad, o de que está cerrando la comunicación.

2. ¿QUÉ DIGO SI NO SÉ SOBRE UNA PREGUNTA DETERMINADA?

Como orador y profesional, se espera que pueda responder cualquier pregunta sobre su tema; lo cual no significa que deba responder sobre todos los temas. Por lo cual puede decir, abiertamente, "sobre ese aspecto específico no tengo una respuesta para darle en este momento; me comprometo a investigarlo y tomar contacto con usted para responderle dentro de las próximas 24 horas."

3.NO ME GUSTA MI VOZ. ¿QUÉ HAGO?

La voz no puede cambiarse, aunque sí trabajarse. Es recomendable que consulte con un foniatra y fonoaudiólogo para desarrollar nuevos matices, tonos y formas de amigarse con su voz natural.

4. ¿SI SE CORTO LA LUZ CÓMO SALGO DEL PASO?

Todo el auditorio compartirá con usted ese momento; por lo cual lo más directo es blanquear la situación; encargarse de pedir abiertamente que los técnicos o asistentes revisen los sistemas eléctricos, y todo lo que haga falta. Usted continúe con su presentación lo mejor que pueda. Avise al público que les informará sobre el tema, y, a la vez, pida a su equipo que le acerquen una breve nota sobre el problema, una vez que hayan relevado y establecido causas y posibles soluciones.

5. ¿QUÉ HAGO SI SE APAGA EL PROYECTOR?

Tenga preparada su exposición como si pudiese prescindir del proyector. Por lo tanto, podrá tener un documento en papel, como guía para usted, y retomar con las proyecciones ni bien se resuelva el problema.

6. ¿CONVIENE UTILIZAR JOYAS Y ACCESORIOS PERSONALES?

No es conveniente utilizar joyas y accesorios personales, excepto que por tratarse de una situación protocolar así se imponga. Sin embargo, aún en estos casos, la sencillez debe prevalecer.

7. ¿CÓMO VUELVO SOBRE MI TEMA CUANDO ME FUI POR LAS RAMAS?

Como ya ha aprendido, es importante ensayar su discurso y establecer su guión básico previo. Esto le ayudará a no irse de tema ni por las ramas. Sin embargo, si sucediera, puede hacer una breve pausa (de dos o tres segundos) e intentar recordar el eje de lo que debe retomar. Si no le aparece la respuesta, puede consultar a su auditorio más amable, en forma espontánea: "¿Por dónde estábamos hablando sobre este tema?"

8. ¿CÓMO CORTO A UNA PERSONA QUE NO DEJA DE OPINAR Y HABLAR?

El uso de preguntas y respuestas debe estar conducido por usted. Por lo cual no es recomendable abrir estos espacios si no está completamente seguro de poder manejarlo. En caso que alguien se vaya de la respuesta específica, o tenga tendencia a hablar de más y ya pasa un límite de tolerancia y comienza a incomodar al auditorio, suavemente puede interrumpir, diciendo: "Perdón... necesitamos continuar. Le solicito que redondee su idea en 10 segundos", o, más claramente, "Bien; gracias por su opinión", y sigue con su alocución.

9. ¿CÓMO FRENO UN DEBATE ENTRE DOS O MÁS PARTICIPANTES?

Una vez más, la idea es que todo el grupo participe, pero que no se pierda el hilo y enfoque de su presentación. Si debe intervenir, no dude en bajar del escenario, colocarse en posición equidistante entre los participantes del debate, y, micrófono en mano o alzando el tono de voz, invitar los a continuar con la presentación. Una forma elegante es decir: "Entiendo que todos tenemos nuestros puntos de vista...

Sin embargo, necesitamos continuar con la conferencia para llegar a tiempo. Los invito a continuar su charla durante el receso".

10. ¿AGUA FRÍA O NATURAL EN LA MESA?

La recomendación es agua natural, sin gas.

11. ¿ES CONVENIENTE TOMAR CAFÉ O TÉ DURANTE UN DISCURSO?

No es conveniente tomar nada que pueda empastar de alguna forma su boca, o que pueda derramarse fácilmente -por ejemplo, al estar en un pocilio o taza-.

12. ¿PUEDO USAR ANTEOJOS NEGROS PARA QUE NO ME ENCANDILEN LAS LUCES?

No. Salvo que un motivo médico así lo indique -por ejemplo, una reciente operación en la vista, lo cual deberá explicarlo desde el comienzo para despejar dudas- no es conveniente utilizar anteojos, y menos, aquellos que no permitan que se vea su mi rada.

13. UN ORADOR ANTERIOR SE EXCEDIÓ DE TIEMPO, Y QUEDAN POCOS MINUTOS PARA MI PARTE. ¿QUÉ HAGO?

Durante la exposición del otro orador, acérquese al organizador o moderador, para hacerle saber de esta situación. Si tiene confianza e interactuan espontáneamente ante el público, hágale saber que usted está a la espera de iniciar su presentación. En caso que le cedan la palabra pero ya no queda tiempo, puede hacer una introducción explicando muy claramente los motivos por los cuales sólo abordará una pequeña parte de su discurso, debido a los corrimientos de tiempos que todos habrán notado.

14. ¿DE QUÉ FORMAS LA GENTE DEL PÚBLICO SE VALE PARA LLAMAR LA ATENCIÓN?

Hay múltiples formas: desde mirar la hora recurrentemente para que usted se ponga nervioso, hasta fingir toses, hablar por celular, moverse inquietamente en la silla, levantar la mano continuamente para interrumpir, hablar en voz alta con sus compañeros de auditorio, buscar sobresalir mediante su vestimenta, etc.

15. ¿CÓMO PUEDO MANEJAR A UNA PERSONA QUE QUIERE LLAMAR LA ATENCIÓN Y DISTRAE AL RESTO?

Dedíquele los próximos dos minutos de su discurso. Haga rápido contacto visual. Si conoce su nombre, intercálelo entre sus palabras: le dará una sensación de que esa persona 'consiguió' lo que quería: que usted y el grupo le presten atención. De esta forma, se aquietará y le permitirá continuar sin problemas.

16. ¿Y SI CONTINÚA MOLESTANDO E INTERRUMPIENDO?

Usted es quien fija las reglas en ese momento. Por lo cual puede, incluso, invitar a retirarse del salón ante cualquier situación que considera un exceso e inapropiada, hacia usted y hacia el grupo del auditorio.

17. ¿HAY QUE APAGAR LOS CELULARES?

Sí. Tanto usted como el público deben tener los celulares apagados. Si por algún motivo las personas deben recibir una llamada, puede solicitarles que los dejen en la función vibrador y retirarse del salón para hablar tranquilos. Si usted necesita responder una llamada urgente, puede dejar su celular con precisas instrucciones a un asistente.

18. ¿CUÁNDO INDICO QUE APAGUEN LOS CELULARES?

Al comienzo de su discurso, y en cada ocasión donde suene un celular.

19. ¿QUÉ OTRA INFORMACIÓN DEBERÍA DAR AL INICIAR MI CHARLA?

En caso de que no haya una grabación que lo informe, además de pedir que apaguen los celulares diciendo, por ejemplo, "como una forma de enfocarnos mejor en la tarea que llevaremos adelante juntos", debe explicar dónde están las puertas y salidas de emergencia y también dónde están los sanitarios.

20. ¿QUÉ HAGO SI TROPIEZO Y ME CAIGO EN EL ESCENARIO?

Se levanta y continúa como si nada hubiese pasado. Si se siente cómodo, puede agregar alguna referencia rápida y al paso, por ejemplo: "Dicen que un tropezón no es caída...", y seguir adelante.

21. ¿CÓMO RESUELVO EL CASO EN QUE ME SIENTA DESCOMPUESTO?

Debe pedir disculpas; informar que necesita interrumpir por un motivo de fuerza mayor su discurso; salir de escena, y buscar ayuda médica inmediata.

22. ¿QUÉ PASA SI LA LUZ NO ME ACOMPAÑA DURANTE MI PRESENTACIÓN?

Debe asegurarse de probar las luces, al igual que el sonido, escenografía, proyecciones y demás elementos de apoyo, antes de comenzar su discurso. Reúnase con los técnicos de sonido y luces; entregúeles un esquema de lo que necesita de ellos, y dé indicaciones claras.

23. ¿CÓMO SE DAN INSTRUCCIONES PARA EL PÚBLICO?

Esta es una de las principales habilidades de los grandes oradores: lograr que la gente haga lo que usted necesita en ese momento. Por ejemplo, si va a dar paso a un ejercicio grupal, donde se requiere que conformen equipos de diez personas cada uno, necesita preparar previamente la instrucción. Las instrucciones deben ser claras y precisas, y siempre tienen que con tener el propósito de dicha acción.

24. ¿ES CONVENIENTE DAR EJEMPLOS?

Si dentro de un ejercicio que realizarán los participantes hay ciertas preguntas y respuestas como guía, o un patrón de ideas para ordenar y responder entre ellos, es conveniente que usted brinde un ejemplo, y luego, da la instrucción operativa de movimiento para que se conformen los grupos. Si es un ejercicio compartido, invite a cualquier persona entusiasta del público a hacerle las preguntas, y usted responde para ejemplificar. Use ejemplos creíbles. No exagere sus respuestas. Por ejemplo, diga "En unos minutos, no ahora, te voy a pedir que apoyes a formar grupos de trabajo para practicar la dinámica de lo qué acabo de explicarles. Entonces, cuando te indique, te pondrás de pie, buscarás alrededor a otras 9 personas, y formarán un círculo totalizando 10 personas. Vas a necesitar tomar notas, por lo cual te solicito por favor que lleves tu anotador y bolígrafo. Una vez que hayamos armado los grupos, les indicaré cómo seguimos. Pueden armar los grupos de 10 personas cada uno". ¿Resultó claro, verdad?

25. ¿PUEDO INTERCALAR EJEMPLOS PARA FACILITAR QUE COMPRENDAN MI MENSAJE?

Por supuesto; es altamente conveniente poner ejemplos claros y cercanos al perfil de su público. Es recomendable que prepare al menos 5 ejemplos de cada cosa que potencialmente necesitará explicar, porque si no lo comprenden la primera vez, podrá recurrir a cualquiera de las otras cuatro formas, asegurándose de que su mensaje llegó a destino.

26. LA MÚSICA O EL SONIDO DE UN VIDEO ESTÁ MUY FUERTE O MUY BAJA. ¿QUÉ HAGO?

Tome el micrófono y solicite que bajen o suban el volumen.

27. NO FUNCIONA EL VIDEO QUE IBA A PROYECTAR, Y ESO OCUPABA VARIOS MINUTOS DE MI PRESENTACIÓN. ¿QUÉ HAGO?

Es conveniente probar de antemano todos los equipos técnicos necesarios. Lleve siempre en varios soportes el video que va a proyectar. No se conforme con una sola computadora para la proyección: debe haber siempre otra de back up. Si aun así no logra resolverlo, puede tomar ese tiempo para relatar brevemente el mensaje o conclusión de dicho video; comentarlo que lo pondrá disponible -por ejemplo- vía Internet, y que les brindará algunas de las claves que podrán conocer cuando lo vean. A continuación, pasará a resumir brevemente su contenido.

28. ¿POR QUÉ PREPARÉ MÁS MATERIAL DEL QUE PUEDO DECIR EN EL TIEMPO ASIGNADO?

Por inseguridad y desconocimiento. También sucede por miedo a quedarnos en silencio y "sin letra". Menos es más: pocos conceptos, profundos, y con una estructura ágil y que le permita desenvolverse con comodidad entre un punto y otro.

29. ¿POR QUÉ ME QUEDÓ CORTO EL MATERIAL QUE PREPARÉ?

Porque no lo preparó lo suficiente y no lo hizo importante. Como está aprendiendo, es fundamental la preparación; es tanto o más prioritario que el discurso mismo.

30. ¿CÓMO LLENO EL BACHE SI ME QUEDO CORTO CON MI DISCURSO Y ME SOBRA TIEMPO?

El público podrá percibirlo como falto de preparación y poco profesional si usted no alcanza el tiempo pautado. Por lo cual, sin que el auditorio se dé cuenta, puede agregar un bloque de preguntas y respuestas; algunos ejercicios para reforzar conceptos, o lo que sienta que pueda mejorar la percepción y llegada de su mensaje en la gente. Esta improvisación deberá ser, igualmente, profesional y rigurosa. Evite que el público se dé cuenta de lo que pasó.

31. SI ME TRABO ANTE EL PÚBLICO, ¿QUÉ HAGO?

Si se traba es porque no lo ensayó ni preparó lo suficiente su discurso. Por lo cual, una vez más, necesita tomar tiempo previo para prepararse. Luego, repita el concepto en el que se quedó atascado; repítalo lentamente; cerciórese de que todo el público lo comprendió, por ejemplo haciendo una pregunta retórica del estilo: "¿Queda claro lo que acabo de decir?". Recuerde que las preguntas retóricas son aquellas que se responden con Sí o No exclusivamente. Si alguien dice "No me quedó claro..." vuelva brevemente sobre ese concepto; y retome el ritmo de su presentación.

32. ¿CÓMO PROCEDER SI ME OLVIDO LOS PAPELES DE UN DISCURSO LEÍDO?

Esto denotará falta de preocupación de su parte. Es aconsejable que se envíe el discurso a una casilla de e-mail a la que tenga acceso desde cualquier lugar, y podrá bajarlo e imprimirlo fácilmente. Si está en un lugar donde no hay Internet, lo ideal es que lleve un juego de tarjetas grandes con el esquema general de la secuencia de su presentación, además del discurso escrito. Es raro que se olvide las dos cosas. Si no cuenta con ninguna de estas opciones, como seguramente ya lo habrá preparado, tome media hora previa a salir a escena para volcarlo en hojas en blanco con letras grandes, como una ayuda para decirlo sin necesidad de leer.

33. ¿CÓMO LOGRAR EMPATÍA CON UN PÚBLICO REACIO A ESCUCHARME?

Conoce a tu público es la primera gran clave de los oradores eficaces. Por lo cual de antemano usted tiene que saber por qué están allí; quiénes son; cuál es su motivación; qué nivel de preparación tienen sobre el tema al que habrá de referirse. Releve toda la información posible. Si va de visita a otra ciudad o país, lea los periódicos del día de ese lugar: encontrará un mapa de los temas preocupantes y del acontecer local: éste puede ser un buen recurso para entrar en tema y en clima. Elogie moderadamente la ciudad, el lugar, la institución que lo convocó y cualquier otro aspecto relevante que permita ablandar su vínculo con el público.

34. TENGO QUE DAR UNA MALA NOTICIA. ¿CÓMO LO HAGO?

Si la mala noticia implica víctimas personales, lo primero es hacerlo con sentido de ubicación, sensibilidad y, sobre todo, poniendo de relieve las condolencias del caso. Si debe comunicar un tema corporativo o empresarial complejo -por ejemplo, la toma de medidas de recorte presupuestario-, haga una muy breve introducción, y vaya directo al grano. No se excuse de su responsabilidad: por algo está allí transmitiendo esa decisión, por lo cual debe asumirla al ciento por ciento, aunque no le guste.

35. ¿CONVIENE DEJAR ESPACIO PARA PREGUNTAS ANTE MALAS NOTICIAS?

Si puede evitarlas, mucho mejor. Aunque es recomendable que explique claramente los canales habilitados para conocer más detalles y las respuestas que no dará en esa circunstancia. Es fundamental contener al público ante noticias que lo impacten, para evitar la usina del rumor y las posibles complicaciones que devienen del mal manejo de comunicación en temas difíciles. Por lo cual, articule previamente todos los pasos necesarios para que la gente sepa adonde recurrir por más información con voceros calificados, entrenados y alineados según el caso.

36. LLEGUÉ TARDE AL DISCURSO, ¿QUÉ DIGO?

Esto hablará muy mal de usted, ya que se entiende que tomó todos los recaudos para llegar a tiempo y así ha estado programado desde hace tiempo. Debe agotar todas las instancias para ser puntual sí o sí. No hay excusas en esto. Si es impuntual en la vida, también lo será posiblemente en lo profesional, por lo cual le invito a resolver de inmediato este problema. Es una falta de respeto de su parte llegar tarde cuando hay gente esperándolo. Sin embargo, ante un hecho inevitable -por ejemplo el atraso de un vuelo, o un acontecimiento imprevisto-, lo primero que tiene que hacer es llamar a los organizadores y pedir que comuniquen de inmediato, por micrófono, el motivo de la demora y a qué hora está previsto que llegue. Luego, al arribar, tomarse dos minutos para respirar, relajarse, y salir a escena; pedir las sinceras disculpas del caso; dar una muy breve explicación, y comenzar su discurso, asumiendo las consecuencias de haber llegado tarde: quizás tenga un auditorio molesto, o muchos ya se hayan retirado.

37. NO PREPARÉ NADA. ¿QUÉ HAGO?

La respuesta está en usted: esto determinará la prioridad e importancia que le dio al hecho, acto o momento en el que deberá, igualmente, dar su discurso. Más allá de los buenos motivos que la mayoría de las personas suelen tener en casi todos los ámbitos de sus vidas, no reparta culpas, ya que hay una sola persona responsable: usted.

38. ¿CÓMO PUEDO CAPTAR LA ATENCIÓN DE TODO EL PÚBLICO?

Emociónelos; conéctelos con su propia sensibilidad, y, desde allí, articule su discurso. Cree una relación empática con el grupo y con cada uno de sus miembros. Genere una experiencia inolvidable.

39. ¿CÓMO HACER CALLAR A PERSONAS QUE CUCHICHEAN ENTRE ELLAS REITERADAMENTE?

Mientras continúa con su discurso, puede dirigirse a ese grupo, simpáticamente, y "darles la palabra", como si usted hubiese interpretado que querían participar y compartir algo (por supuesto que sabe que no es así; solamente están hablando entre ellos). Al llamar su atención, no volverán a repetir este hecho.

40. ¿CÓMO LOGRO QUE LOS PERIODISTAS PREGUN-
TEN DURANTE UNA CONFERENCIA DE PRENSA?

Si el tema no es altamente motivante o no tiene potencial de noticia, es posible que los periodistas no quieran preguntar. Otro motivo puede ser que la prensa quiera exclusividades, por lo cual no preguntarán ante todo el auditorio. Si abre un espacio de preguntas y respuestas en una conferencia de prensa, usted o el moderador deben explicar cómo se llevará a cabo. El procedimiento "a mano alzada", donde un periodista levanta su mano y pide la palabra y formula la pregunta, es apto para oradores entrenados y que tienen suficiente confianza en que podrán abordar todo tipo de consultas. Si no es su caso, se recomienda que distribuyan tarjetas grandes para que un asistente recójalas preguntas y las acerque al escenario. De antemano, usted tendrá algunas preguntas prearmadas en su poder, y será las primeras que responderá o las irá intercalando con esa selección previa que realizará junto con su equipo. De esta forma podrá tener cierto control en el flujo de preguntas y respuestas.

41. ¿CÓMO DEBO PROCEDER SI UN PARTICIPANTE
SE PONE AGRESIVO CONMIGO?

No pierda la calma bajo ninguna circunstancia. Encuadre su respuesta haciéndole saber de la importancia de su pregunta, y, aunque tenga un punto de vista diferente, igual está dándole espacio y compartirá sus apreciaciones. Es importante darle marco a respuestas difíciles. Utilice las técnicas puente y "frases de oro" que describimos en este mismo libro. No permita la falta de respeto bajo ninguna circunstancia: en cambio, abra canales de diálogo basados en la mutua consideración y escucha, independientemente de las posiciones personales.

42. ¿CUÁLES SON ALGUNAS FORMAS SENCILLAS DE HACER PARTICIPAR AL PÚBLICO?

Las preguntas y respuestas; las reflexiones; los resúmenes; las preguntas de testeo y el moverse dentro del salón son algunas formas de interacción. Busque que el público responda que "Sí" la mayor cantidad de veces posible. Cuando gane confianza, puede hacer juegos de dinámicas grupales, ejercicios en pareja, reflexiones donde los mismos participantes van enlazando las respuestas, ayudarle desde sus lugares a armar los resúmenes de lo abordado, y aportes espontáneos de conceptos breves complementarios a lo que usted dice. También recuerde buscar una forma preestablecida de reconocimiento a aquellos que apoyan de alguna forma en especial, por ejemplo, invitando al grupo a brindarles un aplauso. Otra forma es poner ejemplos y pedir que levanten la mano aquellos que se sientan identificados de alguna forma. Esto mantendrá al grupo entretenido y conectado.

43. ¿HABLO A NIVEL DEL PISO, EN ESCENARIO O EN UNA TARIMA?

Depende de la situación y del efecto que necesite lograr. Si es una persona de baja estatura, conviene que se asegure de que el público podrá verlo desde todos los ángulos. Para grupos pequeños, donde no se requiera gran amplificación, puede hablar a nivel del piso; incluso logrará el efecto de mayor cercanía. En salones pequeños, puede utilizar una tarima. Asegúrese de que tenga buenas escaleras frontales y laterales, o una altura aceptable para subir y bajar directamente. En grandes auditorios, lo conveniente es utilizar el escenario para posibilitar que lo vean mejor desde todas las posiciones. Esta, también, es la mejor opción si utiliza muchos elementos de apoyo y escenográficos.

44. ¿CUÁL ES EL BENEFICIO DE HABLAR DESDE UN PODIO?

La figura del orador dando un discurso suele estar fuertemente asociada a la persona detrás de un podio. Podría ser de utilidad si se siente inseguro al hablar, ya que apoyará sus materiales, sus manos, tendrá un vaso con agua, sus apuntes y el micrófono si está puesto desde un pie. Recuerde que hay podios de frentes cerrados -por ejemplo, de madera- y otros con formato de atriles con un pie, donde su cuerpo se verá más allá de la mesa superior de apoyo. En este caso, debe cuidar todos los detalles de lenguaje corporal que hemos visto, ya que su cuerpo estará prácticamente a la vista.

45. ¿QUÉ TIPOS DE TRADUCCIÓN EXISTEN PARA LOS ORADORES?

Básicamente, dos: traducción simultánea y común. La simultánea es aquella en la que el orador no es interrumpido, ya que, a medida que habla, su discurso se traduce al idioma correspondiente y se reproduce mediante auriculares o altavoces individuales. Hay situaciones donde se hace traducción simultánea a varios idiomas, utilizando distintos canales de audio, traductores de cada lengua y auriculares diferenciados. Por otro lado, la traducción común -también llamada consecutiva- es aquella en que el orador habla, hace pausas tras breves conceptos, y el traductor, por altavoces, los transmite al idioma requerido. Es más lenta y necesita de mayor atención por parte de todos, incluidos orador y traductores.

46. ¿CÓMO HAGO SI ME VAN A TRADUCIR Y LEERÉ MI MENSAJE?

Debe llevar una copia escrita para entregar previamente al equipo de traducción.

Se sugiere que se encuentre con ellos un tiempo antes del discurso para explicarles el tono y la terminología específica que podría utilizar. En cambio, si su discurso fuese improvisado, prepare una síntesis general en la lengua extranjera para poner en conocimiento general a los encargados de traducirle. Como regla general, en cualquier caso, evite demasiados tecnicismos o localismos de difícil traducción, ya que puede perderse el sentido de lo que quiera expresar.

47. ¿CÓMO PUEDO MODERAR LA EXPECTATIVA DEL PÚBLICO?

Promete poco y supera sus expectativas. Ésa es una gran clave inicial. Por lo tanto, desde el comienzo, brinde la información apropiada sobre el tema que abordará, pero guárdese cartas fuertes durante todo su desarrollo. De esta forma podrá aplicar toques de efecto que generarán mayor atención en su auditorio. Por otro lado, puede utilizar sus herramientas como orador eficaz para relevar las expectativas de la gente; esto se consigue con la práctica y, sobre todo, al vencer los miedos de trabajar con los grupos. Una fórmula sencilla es dedicar unos dos o tres minutos dentro del inicio de su oratoria para consultar con respuestas a mano alzada, qué esperan los presentes de ese momento. Las preguntas pueden ser: ¿Por qué estás aquí? ¿Qué palabra definiría un resultado exitoso de esta charla? ¿Cómo te gustaría que fuese esta conferencia? Y otras por el estilo. Además, fomentará la participación del público.

48. ¿CÓMO INFLUIR EN MI PÚBLICO PARA OBTENER UNA EVALUACIÓN POSITIVA?

Si bien la sugerencia es que no dependa de la aprobación del público, lo cual implica una alta dosis de auto confianza y aceptación acerca de usted mismo, puede aplicar alguna de estas técnicas. 1) Dedique unos minutos finales a que una muestra representativa de personas (aproximadamente no menos del 10 por ciento de la cantidad de personas asistentes) dé en voz alta y ante el auditorio un feedback positivo de su experiencia. Puede lanzar la consigna "¿Cuál es la nueva herramienta que te llevas como resultado de esta charla, para apoyarte en tu desempeño profesional?" o cualquier otra por el estilo. 2) También puede trabajar con una secuencia de preguntas donde la respuesta inducida siempre sea "Sí". Esta forma de retórica al preguntar, aplicada convenientemente, permitirá que lo que quede en el imaginario de su público sea lo positivo, y no los rasgos negativos. Recuerde que no podrá revertir completamente una charla desorganizada y de mala repercusión; aunque podrá influir de alguna forma, mediante técnicas como la descripta, en la "percepción" que tenga el público a la hora de evaluar su desempeño. 3) Para oradores experimentados, funciona dedicar los últimos cinco minutos a lograr que el público en mayoría asienta imperceptiblemente con su cabeza ante lo que usted dice. Esto de alguna forma influirá en su posterior evaluación.

49 ¿CUÁNDO ENTREGO UN FORMULARIO DE EVALUACIÓN SOBRE MI ORATORIA?

En el caso de capacitaciones de distintos temas, como cursos, conferencias, seminarios, etcétera, es conveniente recibir feedback por escrito. Le permitirá conocer más detalles que el público no ha podido verbalizar o usted no pudo captar, a la vez que podrá utilizarlo como oportunidades de mejora para una próxima ocasión. Entregue el formulario de feedback dentro de los cinco minutos finales de su charla, cuando está entrando en la conclusión de la misma. Solicite claramente que lo completen y se lo devuelvan, a usted o a los asistentes u organizadores. Repase las respuestas ni bien termine su charla; tome nota de los aspectos a mejorar y de las consideraciones generales que pueda recibir. Ábrase a recibir feedback, aunque nadie mejor que usted para evaluar si dará curso o no a alguna de esas opiniones. Por lo tanto, decidirá posteriormente qué puede ajustar o cambiar, para lograr pulir su oratoria y contenidos. Las personas suelen ser rigurosas al evaluar a los demás, por lo cual recibir calificaciones por encima de la media propuesta (por ejemplo, en una escala de 1 a 5, más de 3 puntos) es signo de una muy buena performance. En este libro "Cómo hablar bien y vender más" Tomo 2, encontrará un modelo sugerido de formulario para evaluaciones.

50. ¿PUEDO FILMAR MIS DISCURSOS?

En caso de ser necesario podrá registrar en video su discurso. Le servirá para analizarlo posteriormente y poder auto corregirse o consultar con un profesional en oratoria para hacer una evaluación juntos. Ciertas ocasiones impondrán que usted sea filmado o transmitido en directo, por ejemplo, mediante televisión, radio o Internet, ante casos y situaciones de impacto mediático. Sin embargo, en otras instancias, si va a grabar su charla y se trata de un ámbito privado -por ejemplo, un curso de capacitación- es necesario que le haga saber a su público que lo estará haciendo y cuál es el fin, para que la presencia de una cámara no los intimide.

51. ¿PUEDO UTILIZAR ESAS FILMACIONES CON FINES PÚBLICOS?

Cualquier grabación donde aparezca usted puede ser utilizada a los fines que disponga. Sin embargo, en situaciones donde estén involucradas otras personas, como oradores invitados o el propio público, necesita su específica autorización para evitar problemas posteriores. Lo mismo funciona en el caso de las fotografías.

52. ¿CÓMO PUEDO TRANQUILIZARME SI ALGO SALE MAL DURANTE MI DISCURSO?

Puede serenarse dependiendo de la situación. Hay pequeños inconvenientes o errores que son fácilmente sorteables (por ejemplo, cuando se termina la batería de un micrófono y le alcanzan otro de reemplazo, o debe seguir un par de minutos sin amplificación hasta que se resuelve un asunto de sonido). Otros casos podrían revestir mayor gravedad; por ejemplo: si se produce un accidente de cualquier tipo; la rotura de un escenario; un acontecimiento externo como una manifestación pública en la puerta del salón que no permite la continuidad, etcétera. Deberá evaluar rápidamente los pro y contra, y tomar la decisión apropiada según el momento. En cualquier caso, conviene no "tapar el sol con la mano": debe asumir la situación, ponerla en claro delante del público, y a partir de allí, ajustar su mensaje y discurso de acuerdo a lo previsto o a las nuevas condiciones que se presentan. Como está aprendiendo, la única clave es la práctica permanente.

53. ¿QUÉ RECOMIENDA PARA LIBRARME DE LA APROBACIÓN DE LOS DEMÁS?

Trabaje fuertemente en sus fortalezas, para compensar sus debilidades en cualquier plano de su vida. Esto le traerá mayor autoconfianza. Y desde allí podrá sentirse seguro en gran parte de las situaciones como orador. Otro aspecto es entregarse al ciento por ciento a su público: de esta forma sabrá que, independientemente de los resultados, siempre está dando lo máximo, ganando paulatinamente mayor seguridad y experiencia.

54. NUNCA ME HAN ELEGIDO PARA DAR UN DISCURSO. ESTOY ANTE MI PRIMERA VEZ. ¿QUÉ HAGO?

Dedique tiempo para estudiar oratoria. Ahora tiene los tomos 5 y 6 de esta serie, "Cómo hablar bien y vender más", incluyendo sus DVD con el curso interactivo. Siga paso a paso lo sugerido y, muy pronto, podrá encaminarse en el arte de la oratoria efectiva, tal como lo hacen los profesionales. Más recursos: converse con un colega o amigos que se distinguen por su habilidad en este campo. Indague en Internet ú otras fuentes para obtener información complementaria. Practique su discurso. Escriba sus ideas, para aprender a transmitirlas claramente. Grabe y analice sus ensayos. Asista a conferencias con oradores expertos y registre qué podría adaptar a su personalidad y estilo. Recuerde que no debe "despersonalizarse" para ser un buen orador, sino potenciar todos sus recursos internos, al servicio de su público y su mensaje.

55. ¿CÓMO PUEDO CREAR CONEXIONES LÓGICAS ENTRE LAS IDEAS QUE QUIERO TRANSMITIR?

Partiendo de la estructura del discurso, incluyendo la secuencia en la que presentará su tema, analice cuáles serían puentes o conexiones lógicas entre una idea y otra. El objetivo es que pueda ordenarlos en forma secuencial, en un crescendo que va escalando en interés hacia el final de su oratoria. Aquí van cinco formas sencillas para hacerlo: 1) Termine un tema, formule una pregunta sobre lo anterior y lo que sigue; y, al responderla, ya estará conectando ambas ideas. 2) Refuerce un concepto anterior. 3) Repita la última palabra de su frase precedente. Utilice la misma palabra para iniciar su siguiente idea. 4) Proyecte una imagen fuerte que sea divisoria y conectara entre las distintas partes de su discurso. 5) Utilice los 500 conectores o frases de oro que le presentamos en este libro.

56. ¿CADA CUÁNTO HAY QUE HACER UN RECESO?

En el caso de discursos cortos de hasta 20 minutos, y siendo usted un orador calificado, puede hacerlo sin interrupciones siempre que el tema despierte un verdadero interés en el público; este aspecto podrá evaluarlo observándolo: si están atentos, quietos y entusiasmados, va por el buen camino. En capacitaciones, es conveniente dividirlas en bloques de no más de 75 a 90 minutos cada uno, y dar recesos de 15 a 20 minutos aproximadamente.

57. ¿CUÁNTO DEBE DURAR UN DISCURSO MAS INFORMAL?

En discursos sociales, se recomienda tomar no más de 3 a 5 minutos. En homenajes o responsos, lo ideal es no excederse de los 5 minutos. En discursos de brindis, no más de 2 minutos y poniendo de relieve por sobre todas las cosas el motivo del mismo.

57. ¿CUÁL SERÍA LA DURACIÓN IDEAL DE UNA PONENCIA PROFESIONAL?

Por ejemplo, su participación con una ponencia en un congreso, por lo general, está regulada de antemano; le informarán el tiempo disponible y deberá adaptar su contenido estrictamente a esta norma. En caso de tener un bloque especial de con tenido, dependerá directamente del tema y del auditorio; puede llegar a hacerlo du rante varias horas corridas en el caso de tener que explicar métodos, procedimientos,establecer normativas minuciosas o detallar avances científicos que por primera vez se dan a conocer.

58. ¿CUANDO HAY VARIOS ORADORES, DÓNDE ME VAN A SENTAR?

Depende de la organización y el tipo de encuentro. Consulte con los responsables dónde será ubicado y con quiénes compartirá su alocución. Si usted fuese el invitado especial, seguramente le asignarán un lugar central.

Trabaje fuertemente en sus fortalezas, para compensar sus debilidades en cualquier plano de su vida. Esto le traerá mayor autoconfianza. Y desde allí podrá sentirse seguro en gran parte de las situaciones como orador. Otro aspecto es entregarse al ciento por ciento a su público: de esta forma sabrá que, independientemente de los resultados, siempre está dando lo máximo.

59. ¿CÓMO LE DOY DINAMISMO A MI DISCURSO SI ESTOY SENTADO DETRÁS DE UNA MESA?

Apóyese en los matices de su voz y en el lenguaje corporal. Incluso, si el marco lo permite, puede solicitar un micrófono inalámbrico y solicitar hacerlo de pie, recorriendo el escenario. En este caso, recuerde dirigirse de tanto en tanto a todo el público, incluyendo los demás oradores.

60. ¿CÓMO APRENDO A CONTROLAR EL TIEMPO?

Esta es una de las grandes claves de los oradores: que todo fluya y que parezca que no está fijándose en el tiempo... aunque todo esté "cálidamente controlado" por usted. Hay varios recursos: desde tener un reloj grande a la vista, colocado en el piso del escenario en un lugar discreto; hasta un asistente que, desde lejos o entre bambalinas, le indique con carteles cuando falten 15, 10, 5 y 2 minutos para el tiempo límite de su discurso. Si está en un podio o estrado, puede colocar un reloj a su vista directa. Dependiendo de las temáticas, puede utilizar ayudas externas para darle idea del curso del tiempo. Un ejemplo sería si está dando una conferencia sobre temas de autoayuda: podrá incorporar una suave campanilla que active el sonidista o un asistente para indicar el paso del tiempo, en un código compartido con el público. Finalmente, recuerde que el máximo responsable de su discurso y oratoria, es usted. Esta es una función indelegable, y debe asumirla al ciento por ciento.

61. ¿CÓMO MANEJAR UN HECHO GRAVE QUE ME ACABAN DE INFORMAR E INVOLUCRA O PODRÍA IMPACTAR EN EL PÚBLICO?

Si acontece algo que requiera su inmediata atención por su gravedad e impacto (como fue el atentado del 11 de septiembre de 2001, tema que no podría ser obviado de manera alguna), no dude en redondear el último concepto; indicar que se hará un receso antes de lo previsto, y que indicará cuándo se dará continuidad a su discurso. También puede indicar que deberá hacer una pausa de unos pocos minutos, y que se mantengan en sus lugares. En ese tiempo, usted y los asistentes podrán encargarse de lo que haga falta. Luego, deberá dar información veraz al resto del público -aclarando la situación; y decidirá si continúa o no con su discurso. Se han dado situaciones en que, al estar impartiéndose una capacitación diseñada por un referente, maestro o personalidad de renombre, y éste ha fallecido, el mismo grupo -es decir, usted y los participantes- deciden cómo seguir; incluso podrían definir su continuidad como un tributo y recordatorio a dicha figura.

62. ¿DEBO INTEGRAR LAS CARACTERÍSTICAS DE LOS DOS HEMISFERIOS CEREBRALES PARA SER UN ORADOR EFICAZ?

Sí. Los científicos han revelado una clasificación sobre las principales funciones del cerebro humano; de cuya combinación parten muchos de los procesos mediante los cuales actuamos y nos comunicamos. 1) Hemisferio izquierdo: tiene a su cargo el análisis, pensamiento lógico, las palabras, el establecimiento de objetivos, la secuencialidad de las cosas, la linealidad, el orden y la disposición de la información. 2) El derecho: se encarga de la síntesis, del pensamiento analógico, las imágenes, los colores, la conciencia del espacio, es subjetivo y desordenado. El hemisferio izquierdo (que suele predominar en la cultura de occidente) produce lo que se llama pensamiento lógico, las deducciones y el análisis. Mientras que el derecho es considerado el hemisferio creativo, y produce pensamientos metafóricos e intuitivos. Por lo tanto, de la correcta interrelación de ambos obtendremos el máximo beneficio, al disponer de un enorme caudal de recursos para explorar soluciones, ideas y alternativas para evaluar y actuar como oradores. Finalmente, muchas veces, al responder preguntas a personas sumamente mentales y lógicas (características del hemisferio izquierdo) es conveniente hacerlas en ese código de comunicación, aunque, si percibe que no logra entrar en el mundo del otro, puede "cambiar" de hemisferio, pasando al derecho, y probar de mostrar la misma idea desde un punto de vista creativo, incluso inspirando al público a que elabore la respuesta desde su propia intuición.

63. ¿CUÁL ES UNA BUENA TÉCNICA PARA ARMAR EL CONTENIDO DE MI DISCURSO?

Hay muchas herramientas para generar ideas y contenidos; e incluso, para trabajar en vivo con su público, enriqueciendo el ida y vuelta. Una de las más conocidas es el "brainstorming" o tormenta de ideas. Consiste en liberar sin filtros cualquier idea que venga a su mente y la de sus colaboradores; la vuelcan en papel para recordarlas, y establecen conexiones lógicas entre una y otra. Luego, seleccionan y priorizan las 10 mejores; luego, las 5 más destacadas; y, finalmente, eligen las 2 o 3 que mejor reflejan lo que se necesita lograr. El "brainsailing" es un proceso mediante el cual vamos navegando sin rumbo por la mente y las ideas, sin perder de vista un objetivo final pre establecido. En ese vagar libre de las ideas aparecerán alternativas para considerar. Otra técnica es la llamada "radiant thinking", o de pensamiento radial, al que podemos graficar como una rueda de bicicleta con sus rayos. En el centro estará el objetivo a alcanzar, y, cada rayo, disparará una hipótesis e ideas, formando un entramado que, luego, se enlazará entre sí. Estas tres técnicas son muy buenas para mostrarlas en público. Podrá hacerlas en un gráfico gigante en su espacio escénico, completarlas con la interacción del público, y poner en común las mejores ideas para llegar a la conclusión que usted necesita.

64. ¿CÓMO DOY MI DISCURSO SI ESTOY CON DISFONÍA?

Los profesionales utilizan el recurso de elevar levemente el tono de la voz en estos casos; trabajando un poco por encima de su tono habitual, podrá disimular en parte la disfonía. Por el contrario, si trabaja por debajo del tono regular de su voz, le producirá un fuerte agotamiento y fatiga en las cuerdas vocales. Ante la menor duda, consulte con el médico.

65. ¿CUÁLES SON LOS PRINCIPALES SÍNTOMAS DE TENSIÓN Y NERVIOS?

Algunos de los más frecuentes son: sequedad en la boca, deglución no justificada, aflojar la corbata, desviar la mirada, jugar con un bolígrafo o con su anillo, taparse la boca inconcientemente mientras habla, poner las manos en los bolsillos, echarse hacia atrás en la silla, toser, poner los brazos cruzados, tintinear con los dedos sobre la mesa o atril, pasar la lengua por los labios, mirar hacia los costados pidiendo ayuda.

Hay muchas herramientas para generar ideas y contenidos; e incluso, para trabajar en vivo con su público, enriqueciendo el ida y vuelta. Una de las más conocidas es el "brainstorming".

66. ¿CÓMO PUEDO MOSTRARLE AL PÚBLICO QUE ME SIENTO CÓMODO Y SEGURO?

Luego de su introducción y, si el momento lo permite, puede dar claras señales de sentirse confortable y abierto con el público. Por ejemplo, quitarse la chaqueta, abrir y mostrar frecuentemente sus manos, bajar del estrado o escenario y caminar entre la gente, arremangar su camisa.

67. SI UNA PERSONA COMPARTE ALGO MUY PERSONAL E ÍNTIMO ¿CÓMO DEBO PROCEDER?

Posiblemente si el público llegó a ese nivel de compartir ante el grupo, es porque se generó la atmósfera apropiada para que así suceda. En ese caso, si sabe que tocará temas que puedan provocar estas reacciones, de entrada conviene recordar la confidencialidad sobre cualquier aspecto que se aborde durante su discurso, charla, seminario, curso, capacitación o presentación. Adicionalmente, para dar su respuesta, ya sea a nivel del piso, o desde la tarima o escenario, puede ponerse en cuclillas y, mirando fijamente a los ojos del participante, haga su devolución.

68. ¿DEBO EMITIR OPINIONES PERSONALES EN MI DISCURSO?

Depende del tema y las circunstancias. En caso de estar haciendo un abordaje general de cualquier tema, es conveniente marcar, muy claramente, cuándo intercalará su opinión personal -que no representará, necesariamente, la de su empresa, partido ú organización a la que usted pertenece-. Debe ser muy específica esta aclaración para evitarse problemas posteriores.

69. ¿CÓMO SALGO DEL PASO ANTE PREGUNTAS QUE NO QUIERO RESPONDER?

Si la pregunta se hace durante su discurso -por ejemplo, en medio de un seminario-, puede indicar que abordará ese tema más adelante; y hacerlo en forma tangencial, no directa ni específica, ni mucho menos, recordando aquella pregunta. Si se le consulta directamente por un tema controversial y no le está permitido hablar -por ejemplo por política de su corporación- diga la verdad: no estoy autorizado a dar esa respuesta por el momento. Si no tiene la información precisa, pero sí puede abordar el tema: indique que responderá en forma breve porque no es su tema específico; y ofrezca una fuente de información o vía de contacto para ahondar al respecto -por ejemplo, el website de la empresa-.

70. SI ALGUIEN MENCIONA COMO MÍAS, PALABRAS QUE YO NO DIJE, ¿CÓMO LE RETRUCO?

No se trata de retrucar, sino de responder entablando un diálogo. Puede afirmar, mirando a los ojos del interlocutor, que no son palabras suyas; y, si lo desea, puede hacer una breve opinión al respecto del tema en cuestión. Aunque debe quedar en claro que no asumirá como ciertas supuestas declaraciones suyas, o rumores que no sabe de dónde proceden, y que, de manera alguna, pueden afectar su imagen y reputación.

71. ¿SIEMPRE QUE HABLO PÚBLICAMENTE ESTOY REPRESENTANDO A MI EMPRESA Ú ORGANIZACIÓN?

Siempre. Sin excepción. Por lo tanto el público entenderá que usted "es" dicha empresa, y desde allí, le pedirán explicaciones, harán consultas de cualquier tipo, y hasta podrán descargar sus quejas e ira sobre algún problema en particular. Aunque no le guste, usted es la imagen de la empresa en ese momento.

72. ¿CÓMO REFUERZO MIS ARGUMENTOS DURANTE UN DEBATE?

Utilice la palabra "porque..." para hilvanar sus conceptos. De esta forma no quedarán dudas de estar expresando sus argumentos, e invitando, en forma clara y contundente, a que la otra parte pueda considerarlos; o, al menos, recibirlos.

73. ¿CONVIENE ACLARAR SI UN PERIODISTA O EL PÚBLICO SACAN DE CONTEXTO MIS DECLARACIONES?

Si puede aclararlo en el momento, sí es necesario que haga la salvedad, siendo sumamente claro y específico: "Entiendo su punto, aunque quiero decirle y que quede en claro que lo que yo dije es otra cosa. Lo que dije específicamente sobre este punto, es que ..." Como observa, debe asegurarse en estos casos de cortar de plano cualquier tergiversación. Si es necesario, reitere una vez más su posición, utilizando fórmulas como "Reitero..." "Por lo tanto...", "Una vez más...",

74. SI ALGUIEN QUIERE QUE HABLE MAL DE MI COMPETENCIA, ¿QUÉ HAGO?

No es recomendable hablar de ninguna forma de su competencia; excepto si su compañía u organización es líder absoluto en su mercado. En este caso, podrá mencionarlo no más de una o dos veces. Si ostenta un cargo de alto nivel, es recomendable chequear previamente con sus asesores las posibles implicancias jurídicas de sus declaraciones, para no cometer errores. Si insisten con que hable sobre el tema, dé por finalizado ese punto con un cordial "No voy a hablar al respecto. Muchas gracias".

75. ¿TENGO QUE QUEDARME EN EL SALÓN HASTA QUE SE VAYA TODO EL PÚBLICO?

No es necesario que lo haga, aunque depende del tipo de oratoria y situación. Por ejemplo, si ha compartido dos días de capacitación con un grupo, y logró empatía y sintonía, posiblemente quieran saludarlo al final. Depende de usted; de su estado de ánimo, su energía y del tiempo disponible. Aplique el sentido común.

76. ¿COMO ORADOR DEBO SER PUNTUAL?

¡Por supuesto! Debe ser extremadamente puntual en toda ocasión. Llegue al menos una hora antes del inicio; chequee todos los detalles y no deje nada librado al azar. Si por algún motivo el inicio debe retrasarse -por ejemplo, por problemas del tráfico hacia el salón- tome el micrófono a la hora exacta y dé su mensaje claro al público presente. Hágales saber que comenzarán a "x" hora, y cúmplalo, aunque haya poca gente en el salón.

77. ¿QUÉ INFORMACIÓN PUEDO COMPARTIR POR FUERA DEL MATERIAL PREPARADO?

Por lo general, puede compartir cualquier información pública de su empresa ú organización.

78. ¿LES DOY MI E-MAIL Y DATOS DE CONTACTO?

Depende de usted. Es posible que deba afrontar gran cantidad de mensajes, y tendrá que analizar si está dispuesto a responderlos. Otra salida elegante es decirles que tomen contacto exclusivamente vía el website, y allí podrá administrar mejor el flujo de consultas.

79. ¿ES CONVENIENTE SONREÍR DURANTE MÍ PRESENTACIÓN?

Siempre que el tema y el momento lo permitan, la sonrisa es un gran puente de comunicación. Conquista, facilita, abre puertas, seduce y conquista. La sonrisa es símbolo de confianza en sí mismo y en el tema que está abordando; incluso lo ayudará a estar relajado y conectado con el público.

80. ¿TENGO QUE CAMBIAR DE ROPA SI DOY UNA ORATORIA DURANTE DOS DÍAS SEGUIDOS?

Sí. Es conveniente disponer de al menos dos cambios de vestuario, adecuados a la ocasión. Para evitar inconvenientes, la sugerencia de ropa para el inicio siempre es formal: es preferible pecar por exceso que por defecto. Recuerde no usar alhajas ni joyas que transmitan mensajes distorsionados a su público, y que puedan producir ruidos con el micrófono o al caminar. Utilice calzado cómodo: no estrene zapatos el día de su discurso. Por favor, luzca impecable: ropa bien planchada, zapatos lustrados, medias al tono, etc. Los colores de su ropa deberán acompañar el tema, el horario, el entorno del escenario, y hasta su color de piel. Si no sabe cómo vestirse, utilice siempre ropa en tonos neutros y formales. En el libro 3 de esta colección "Comunicación y Ventas", "Cómo hacer prensa", encontrará una guía sobre el impacto de los colores en la comunicación. En los bonus tracks de los DVD que acompañan a los libros 5 y 6, "Cómo hablar bien y vender más ", una periodista especializada en moda y asesora profesional brinda los tips y consejos al respecto.

81. ¿DEBO COMER ANTES DE DAR MI DISCURSO?

Depende de su ritmo biológico y de los horarios y situaciones. Analice cada caso en particular. Como regla general, si estará mucho tiempo dando discursos, charlas, seminarios o conferencias, es necesario que haga una ingesta de algo liviano y moderado para no sentir el estómago vacío. Tome mucha agua hasta la media hora previa a salir a escena. Luego, disponga de agua sin gas durante su oratoria. No consuma chocolates antes ni en los intervalos, ya que sólo conseguirá que se empasten sus órganos de fonación. En su reemplazo, si necesita comer algo, reemplácelo por una fruta. ¿Tomar café o té durante su discurso? No es recomendable: usted estará disfrutando de la bebida, y el público, mirando. Si embargo, si la audiencia está compartiendo, por ejemplo, un desayuno, usted puede beber algunos sorbos de té, como una forma de acompañar y ponerse en sintonía con la gente, sin interferir en su presentación.

82. ¿ES RECOMENDABLE TOMAR ALGÚN TRANQUILIZANTE ANTES DE DAR UN DISCURSO?

Excepto estricta prescripción médica, no hay que consumir tranquilizantes de ningún tipo, ya que afectarán directamente su capacidad de oratoria. Pueden producir somnolencia, decaimiento, o, por el contrario, euforia y desajustes de distinto tipo. Utilice ejercicios de relajación y respiración, como los que encontrará en el libro 5 de esta colección.

83. ¿QUÉ HAGO SI LA GENTE BOSTEZA?

Tome conciencia de que está aburriendo a gran parte de su público. Puede salir del paso haciendo una humorada, y movilizando a su público. También es conveniente conceder un receso para renovar la energía. Recuerde que en muchos casos los ambientes cerrados se cargan con la energía del momento; por lo cual es necesario ventilarlos frecuentemente y que estén muy bien iluminados. Utilizar la calefacción o el aire acondicionado en niveles superiores a lo razonable, también produce efectos indeseados.

84. SI SE ME SECA LA GARGANTA ¿QUÉ HAGO?

Este es un síntoma de nervios y también de posible fatiga. Tome pequeños sorbos de agua, aclare su voz suavemente sin emitir sonidos, y continúe como si nada sucediera.

85. ¿PUEDO ACTUAR PEQUEÑAS SITUACIONES?

Siempre que sirva para granear lo que está presentando, puede valerse de cualquier recurso con el que se sienta cómodo y confiado en el resultado. Dramatizaciones, diálogos entre dos personas, repetir conceptos o palabras clave, ponerle un ritmo a una frase o, si lo hace bien, cantarla... todo vale a la hora de mantener entusiasmado y conectado al público. ¡Atención! Recuerde que más allá de la forma, la gente se fijará en el contenido; por lo cual no reemplace su mensaje por una gran puesta en escena.

86. ¿QUÉ HAGO SI ME EMOCIONO?

Deje fluir su emoción: esto hará más creíble su discurso. Tome un pañuelo; seque sus lágrimas; haga pausas; conecte con la mirada -seguramente emocionada- de muchas personas de su público; y siga adelante. Si el público se emociona: debe saber que es un muy buen síntoma de estar tocando su fibra íntima y llegando eficaz mente con su mensaje, si es que ése era el objetivo.

87. ¿QUÉ HAGO SI LA GENTE SE RÍE DE MÍ?

Analice fríamente su situación. Recuerde que no se ríen de usted, sino del personaje que usted representa -por ejemplo, su rol jerárquico-. Sin embargo, a ninguno nos gusta que se rían de nosotros. En todo caso, como decían las maestras de antaño, que lo compartan así nos reímos todos.

Puede indagar directamente sobre lo que está pasando, con preguntas clave cómo: "¿Hay algo que deba saber?", "¿Pasó algo que no estoy viendo?", ¿"Querés compartir el motivo de tu risa?", y de esta forma, podrá darse el tiempo para esclarecer qué puede estar ocurriendo y corregir lo que corresponda.

88. ¿TENGO QUE INCLINARME PARA SALUDAR AL FINAL?

No. Los oradores pueden valerse de otros gestos de empatía y agradecimiento, como una leve inclinación de la cabeza, o colocar las manos palma con palma y llevarlas hacia su corazón, como agradecimiento y devolución de las gentilezas. Si lo aplauden, puede, también, devolver el aplauso al mismo tiempo, mientras hace un barrido con su mirada a toda la sala.

89. SI NO ME PRESENTAN, ¿CÓMO ROMPO EL HIELO?

En esta colección hemos analizado y compartido miles de recursos para comenzar. Conviene recordar que el comienzo, así como el final, son dos de los principales momentos. El inicio conformará la experiencia que el público hará de usted y su discurso. Tiene no más de 10 a 20 segundos para captar su atención y lograr que lo acompañen. Por lo tanto, debe diseñar y ensayar previamente todas las instancias del discurso, especialmente, el inicio y el cierre. Si el público ya conoce acerca de usted porque les han enviado su curriculum o antecedentes, no hace falta hacer una declaración autoreferencial de entrada: podrá mezclarla a lo largo de toda su presentación, conectándola con el tema principal. Si no saben quién es usted y por qué está allí, busque la manera de resumir esta información en no más de 45 segundos: diga su nombre y apellido; mencione su apodo si quiere que lo llamen de esa forma en esta charla; diga de dónde viene, qué es lo que hace profesionalmente, y por qué es importante para usted estar allí. Luego, métase de lleno en el tema.

90. SI QUIERO CERRAR CON UN RELATO O CUENTO, ¿PUEDO LEERLO?

Sí. Se recomienda que lo lleve fotocopiado, en letra grande, dentro de un libro, y que utilice ese momento para conectar con su público. A la vez, sumará un elemento teatral para el cierre de su presentación. Si lo desea, puede acompañar con una música acorde.

91. ¿CUÁL ES LA CAPACIDAD DE ATENCIÓN DEL PÚBLICO?

Depende de las circunstancias y acontecimientos. La atención es la capacidad de aplicar a voluntad el entendimiento respecto a algo o alguien, y predisponerse a considerar información, puntos de vista, imágenes o estímulos de distinto tipo. Por lo general se genera en forma inconsciente (hemisferio cerebral izquierdo), y se conserva y recuerda en el hemisferio derecho.

Para los oradores, es fundamental saber que los niños tienen un nivel de atención mucho menor que los adultos; y, dependiendo de las condiciones, los mayores podemos estar fuertemente concentrados y perceptivos a un orador de excelencia, o dejar volar nuestra mente y desconectarnos en segundos, si el tema no nos interesa. Hay varios factores que ayudan a llamar la atención, según lo sintetiza la psicología; entre ellos: la potencia del estímulo -por ejemplo, un sonido fuerte o colores intensos y contrastantes-; el cambio -por ejemplo ante un imprevisto-; el tamaño -recurso muy utilizado por la publicidad, donde pone en letras grandes lo que desean que sea más atendido-; repetición -un concepto reiterado se fijará con mayor impacto-; movimiento -es el caso de imágenes para provocar un impacto en la recordación-; contraste -cuando algo llama la atención por su diferencia con el entorno-; emociones -son grandes fijadores de atención-; afinidades -es el caso cuando dentro de su discurso irrumpe un contenido específico que le llega a una persona en forma especial; por ejemplo, un escalador cuando ve una montaña-. Utilice una combinación de estímulos y verá cómo su público está con usted todo el tiempo.

92. ¿CUÁNTO DURA LA ATENCIÓN?

Según explican ciertos estudios científicos, la atención sumamente enfocada dura como máximo unos 8 segundos. Los niños necesitan cambios de estímulos atencionales en no más de 5 minutos, y los adultos promedio, no más de 20 minutos seguidos. Por lo tanto, debe trabajar muy consistentemente en impactar a su público con las diversas técnicas y herramientas que está aprendiendo.

93. ¿PARADO, SENTADO, CAMINANDO, QUIETO?

Depende de las situaciones y de los mensajes a transmitir. Hay personas que se sienten más confortables y seguras sentadas, y pueden mantener la atención del público durante todo el tiempo asignado a su oratoria. Otros, son diestros en caminar, desplazarse, movilizarse por el escenario y el salón. Busque la forma que más se adapte a su personalidad. Es probable que, con el tiempo, pueda fluir tranquilamente con una mezcla de estas formas y adaptarse naturalmente a lo que se presente.

94. ¿SI ENCABEZO UN ACTO Y CANTAN EL HIMNO NACIONAL, YO DEBO EMPEZAR?

No es necesario. Puede mantenerse a una distancia del micrófono donde se vea su gesticulación al cantarlo, aunque nada indica que deba liderar ese proceso. Lo que, definitivamente, sí debe hacer, es cantarlo. Si está en otro país, y no lo conoce, debe permanecer quieto y conectado con lo que percibe que genera el Himno en el público presente.

95. ¿CÓMO SE MIDE LA RELACIÓN ENTRE TIEMPO Y LA PALABRA HABLADA?

Según el experto Ron Hoff, la mayoría de las personas pueden pronunciar unas 100 a 120 palabras por minuto. Los locutores, unas 190 o mas. Un orador puede utilizar un ritmo de 150 palabras por minuto. Por lo tanto, en promedio, una página normal tamaño A4 en cuerpo de letra 12, escrita a doble espacio, tardaría en leerse un 1 minuto y medio. Para un discurso de 6 minutos, hacen falta 4 páginas.

96. ¿HABLAR MUCHO ES INDICADOR DE EXCELENCIA COMO ORADOR?

¡No! Cuando menos, mejor. Por lo tanto sintetice; recorte; vuelva a acortarlo y, haciendo al menos cinco o seis versiones, recién encontrará la extensión ideal.

97. ¿CÓMO INTERCALO JUEGOS Y EJERCICIOS ENTRE EL PÚBLICO?

Hay mucha literatura y capacitaciones sobre dinámica de grupos. Aplique este recurso exclusivamente cuando se sienta confiado, cómodo y cuando tenga la certeza de que podrá manejar el asunto. Consulte las sugerencias de ejercicios que figuran en este tomo.

98. ¿QUÉ DIGO SI EL ORADOR ANTERIOR YA TRANSMITIÓ GRAN PARTE DE MI TEMA?

¡Es una excelente ocasión para experimentar lo nuevo! Predispóngase a retomar aspectos que su colega no abordó. Busque todos los aspectos diferenciales que pueda aportar. Establezca dinámicas que sean más recordables por el público. No agreda al otro orador: enfóquese en usted, aunque puede recordar brevemente algo que se dijo anteriormente, y, desde allí, extender su alocución.

99. ¿QUÉ RESPONDO SI ME PIDEN LA PRESENTACIÓN QUE ACABO DE PROYECTAR Y NO DESEO COMPARTIRLA?

El público siempre le pedirá más. Si usted ha logrado empatía, es altamente probable que quieran mucho más. Y dentro de eso, ¡hasta su propia presentación! Salvo que lo haya acordado previamente con los organizadores, no es obligatorio entregarla. Si lo hace, entregue una versión en un formato tipo .pdf para evitar que sea modificada fácilmente (por ejemplo, si entrega un PowerPoint o un Word o cualquier otro formato de texto usual). Otro recurso es que prepare una versión especial para entregar a la audiencia. Adicionalmente, puede complementar con el envío de links, e-books y cualquier otro material complementario a su tema, aunque no necesariamente "su" presentación. Recuerde siempre incluir las fuentes de consulta en todo momento. Si entrega apuntes, hágalo mientras va desarrollando los temas, para que el público no se distraiga o comiencen a leer lo que viene.

100. ¿CÓMO ENTREGAR FEEDBACK NEGATIVO A ALGUIEN?

El manejo del feedback es un capítulo esencial del arte de la oratoria; y de su efectividad depende, en gran parte, el éxito o fracaso del proceso. Una buena forma es mantener siempre una actitud optimista y positiva sobre todas las personas y situaciones, y comunicar sus consideraciones desde esa perspectiva. Observe la diferencia en estos ejemplos. 1) "Realmente lo estás haciendo muy mal y creo que este comportamiento no contribuye a que el grupo siga atendiendo mi presentación". 2) "Es interesante lo que comentas, aunque, desde mi perspectiva y como orador en esta noche, tengo una percepción un poco diferente, y que quisiera compartir con vos. ¿Qué tal si...?" ¿Puede observar los recursos? En el caso 1, generará más polémica y rechazo. En el 2, va por la positiva, sin adherir ni respaldar lo que la otra persona expresa. Truco de oradores: para dar feedback negativo siempre exprese en primer lugar al menos tres cualidades de valores positivos sobre la situación o personal; y, luego, recién introduzca el aspecto para mejorar. ¡Se sorprenderá del resultado!

Una organización poderosa es aquella en la que los individuos tienen el conocimiento, la habilidad, el deseo y la oportunidad de un éxito personal de manera que lleve al éxito colectivo de toda la organización.

Stephen Covey
Autor de éxito y conferencista en motivación

Cómo manejar la participación del público

Los secretos de la buena argumentación, las claves de los debates, y 10 trucos para organizar las preguntas

» CLAVES PARA ARGUMENTAR

La mejor forma para argumentar bien y expresar claramente sus puntos de vista, por divergentes que sean con el resto, es prepararse bien.

Pablo Picasso decía que la inspiración, efectivamente, existe; pero tiene que encontrarte trabajando. Y sólo así se desarrollará la habilidad como oradores para poder argumentar. La clave de la argumentación eficaz está en una sola palabra: "Porque..."

Lo primero a considerar es que debe tener un profundo conocimiento del asunto. Por otro lado, sepa que la argumentación tiene como característica la existencia clara y omnipresente de un interlocutor que, en algunos casos, podrían ser personas de las que quisiéramos obtener aprobación o consenso sobre algunos temas. En otros casos, ese interlocutor es imaginario, como por ejemplo, cuando se prepara para una tesis.

Argumentar es un procero netamente racional, aunque no es desdeñable la posibilidad de incorporar un condimento emotivo si el caso lo permite. Lo que debe saber es que, en sí, la argumentación es una actividad intelectual de elaboración de mensajes y alternativas, basada en un razonamiento con un fin conciente y con claras intenciones -es decir, lo que usted desea lograr-.

Hacer preguntas es prueba de que se piensa.

Rabindranath Tagore
Filósofo y escritor hindú

Por lo tanto, el uso del lenguaje, escrito o verbal, con la sumatoria de lo corporal, son algunos elementos importantes del proceso argumentativo. El objetivo general es persuadir. Dependiendo de los campos y de cada tipo de debate como marco a la argumentación, deberá establecer el procedimiento apropiado. Por ejemplo, una situación de argumentar en televisión entre varios candidatos políticos a punto de una elección, tiene una tensión diferente a una preparación íntima y solitaria de una exposición de una tesis sobre un tema del que usted es el máximo experto. La argumentación no necesita que usted realice una exposición exhaustiva del tema, sino que debe mantener un marco informativo claro, para estimular la discusión y el debate, con el fin último de persuadir a su público. Si no existe, como mínimo, un punto de divergencia entre usted y las demás personas, tampoco hay posibilidad ni necesidad de argumentar. Por lo cual es necesario precisar algunos elementos que, en sí mismos, conforman la argumentación -ya sea verbal o escrita- que tendrá a usted como vocero. Tiene que haber:

A. Un tema para debatir.

B. Un protagonista que propone un inicio argumentativo y quiere persuadir al "antagonista" del caso.

C. Un razonamiento para poder persuadir, compuesto de, al menos, una opinión y uno o varios argumentos para sustentarlos

D. Luego, habrá una fase de intercambio y puesta en común, en lo posible, de las opiniones divergentes.

E. Y se arribará, si todo sale bien, a una conclusión.

En verdad no puedes crecer y desarrollarte si sabes las respuestas antes que las preguntas.

Wayne Dyer
Motivador y escritor norteamericano

Una clave para argumentar con eficacia es concentrarse en el objetivo final y no perderlo de vista. Muchos oradores faltos de experiencia suelen cometer el error de decir una y otra vez lo mismo, tal vez con palabras diferentes; pero el contenido es idéntico. Por lo tanto, si se extiende en su discurso argumentativo tiene más chances de cometer errores y de cansar al oyente.

En una argumentación sobre cualquier tema, se establece un debate sobre unas reglas medianamente racionales; por lo cual se buscará que el resultado final sea lo más parecido a lo que usted ha planteado o definido como "resultado exitoso" de este proceso. Si bien parte de la dinámica es esforzarse porque la otra persona nos comprenda y adhiera con nuestra posición,- debe saber que el otro no está obligado a que así sea. Y es más: puede enriquecerse el debate a partir de las diferencias. ¡Ésa es la clave de su funcionamiento!

Ahora bien: sí es importante prestar suma atención a lo que dicen ambas partes, y, ante la menor duda, expresar claramente cualquier desacuerdo, incluso cuando el otro reinterpreta conceptos que usted ha dicho. Puede, sencillamente, expresar "Yo no dije eso" y frenará cualquier otro intento de mal interpretación o desvío intencional argumental.

En cualquier caso, independientemente de los matices, si ambas partes están de acuerdo en arribar a una conclusión, aunque divergente en partes, es necesario utilizar una actitud de escucha abierta y receptiva; por lo cual una actitud inflexible y "no dejar pasar una" al adversario no parece ser lo más apropiado. Es frecuente observar a dirigentes de distintos ámbitos con una gran imposibilidad de diálogo y de apertura a escuchar argumentos divergentes a los pensamientos que se tienen. El resultado suele ser un incremento de la tensión, agresividad y hasta improperios hacia una ú otra parte; lo cual redundará, directamente, en su pérdida de credibilidad ante el público. Por lo tanto, conserve la calma y mantenga su posición para afianzar el proceso de persuasión.

Otro recurso es analizar cuáles son las barreras que no permiten un punto de encuentro con su adversario del momento. Una vez reconocidas, tome sus debilidades y transfórmelas en "sus" fortalezas, para que jueguen a "su" favor. Esto debe lograrlo sin desviarse del objetivo central del debate.

También puede aplicar el humor y cierto tono ameno en determinados momentos. Lo recomendable es no pasarse de la raya y caer en la impostura, la agresión y la falta de respeto hacia el otro y hacia el público. Como sabe, hay temas que no convienen ser abordados a la ligera -como el holocausto, catástrofes naturales, procesos dolorosos institucionales de un país, o cualquier otro hecho de naturaleza dura y desafiante-, por lo cual no se utilizará una humorada en estos casos. Póngase en el lugar del que recibirá la broma, y, desde allí, podrá determinar o no su conveniencia.

Elimine el lenguaje retorcido, barroco y poco comprensible. No tiene que dejar en claro que usted está preparado para argumentar. Por el contrario: puede caer en una actitud soberbia y desconsiderada hacia el contrincante y el público que los sigue. Apóyese en la fortaleza y calidad de sus argumentos.

Vuelva una y otra vez al eje de la cuestión principal. No se vaya del tema ni por las ramas. Por lo cual es recomendable que siempre vuelva al punto central.

Finalmente, descubra su propio estilo argumentativo. Hay quienes dejan hablar al contrincante hasta que no tenga nada más para decir, y allí, comienzan su argumentación. Tome notas durante todo el proceso, para apoyarse en las debilidades del otro y potenciar la exposición de sus puntos de vista.

Las crisis de los hombres se manifiestan cuando sus mundos se saturan de respuestas y escasean las preguntas.

Daimiro Sáenz
Escritor argentino

» CLAVES PARA LOS DEBATES

La argumentación forma parte de los debates; sin embargo, en este formato, a veces estructurado como un foro público televisado o con acceso de la gente, el temario es más amplio y las cuestiones pueden tomar giros imprevistos.

Una recomendación fundamental es conocer quién es quién dentro de los participantes del debate. Indagando, investigando y leyendo sus declaraciones sobre los cinco temas más importantes, es posible establecer un escenario de posibles rumbos a debatir.

Otra sugerencia es que no pierda la calma, independientemente de los mensajes que le dirijan. Si percibe que no encuentra espacio para expresar sus ideas, llame la atención del moderador del debate, y pida su intervención.

Algunos debates se basan en reglas que se conocen de antemano. Esto es beneficioso para prepararse de la mejor forma, ensayar, y establecer respuestas alternativas. Recuerde siempre mantener el eje sobre el tema central del momento, y, desde allí, desgranar sus apreciaciones.

El debate, por su fragor, suele presentar ocasiones en que podrá "dialogar" con el público; por ejemplo, para remarcar una debilidad del oponente. En ese caso, por más que el otro esté hablando y no deje una pausa, usted puede utilizar un tono de voz apenas más alto, y decir "¿Ven? No me deja expresar mis ideas". Seguramente provocará una reacción mayor en la otra parte, y luego, probablemente, hará una pausa para darle paso.

El arte y la ciencia de hacer preguntas es la fuente de todo el conocimiento.

Thomas Berger
Novelista norteamericano

» 10 TRUCOS PARA EL MOMENTO DE LAS PREGUNTAS

Una de las mayores preocupaciones de los nuevos oradores es no saber qué responder ante las preguntas del público. Esto implicaría que queden como poco profesionales o faltos de preparación.

Sin embargo, no es necesario que usted sea una enciclopedia abierta y sepa de todo; aunque sí se espera que tenga un gran conocimiento sobre tu tema específico. Aquí van diez trucos para el momento de las preguntas.

1. DETERMINE DE ANTEMANO CÓMO TOMARÁ PREGUNTAS. Puede hacerlo durante la presentación. En ese caso, pida al público que levante la mano y usted irá concediendo la palabra. Si una persona pregunta y pregunta, y el resto del grupo no, es conveniente que diga, suavemente "en un momento estaré con usted", y deje pasar el impulso de dicha persona. Es altamente probable que a los pocos minutos no recuerde qué iba a consultarle.

2. INDIQUE CLARAMENTE CÓMO TOMARÁ PREGUNTAS.
Si lo hará al final, solicite que escriban las dudas y que, sobre la conclusión, habrá un tiempo asignado para responder a algunas de ellas. Como hemos visto, puede seleccionar algunas consultas, e incluso, tener algunas preguntas previamente armadas en su cabeza, y leerlas, como si fuesen del público, comenzando a responder éstas.

3. SINTETICE LAS RESPUESTAS. No se vaya por las ramas. Directo al punto es lo mejor; de paso, no cometerá errores.

4. AGRUPE PREGUNTAS PARECIDAS. Esta es otra técnica muy efectiva para optimizar tiempos y recursos. Indique que hay varias consultas similares sobre tal aspecto, y respóndalas todas de una vez. Puede agregar pequeños matices si las consultas así lo imponen.

5. MUCHAS PERSONAS SE DISPERSAN Y NO ESCUCHAN SUS RESPUESTAS. Es posible que usted haya respondido alguna pregunta anteriormente. Por lo cual indique claramente: "Ya fue respondido recién. Siguiente pregunta por favor..."

6. USE UN LENGUAJE APROPIADO PARA TODO EL GRUPO. Independientemente del tenor de la consulta, que podría venir enjerga específica, su misión es ser un excelente comunicador de ideas y conceptos para abarcar al público. Por lo cual no utilice lenguaje hermético o selectivo, sólo para responder a esa persona en particular.

7. HAGA FOCO EN LO QUE LE PREGUNTAN. No se disperse con las respuestas. No agregue información adicional, excepto que considere que es de fundamental importancia.

8. SI NADIE PREGUNTA, DISPARE USTED UNA PRIMERA CONSULTA. Puede argumentar que, durante el receso, un participante se acercó con una inquietud sobre determinado aspecto, y, de esta forma, introduce el bloque de preguntas y respuestas. Otra técnica es que distribuya entre los asistentes y colaboradores tres o cuatro preguntas, y les pida que las formulen si no hay consultas en el auditorio.

9. NO INVENTE RESPUESTAS. Si no sabe, comprométase a averiguar y dar una devolución en determinado tiempo.

10. ANTES DEL FINAL, ANTICIPE AL PÚBLICO. "Estas serán las dos últimas preguntas". De esta forma hará que el grupo auto seleccione las dos que consideren más relevantes.

Buenas preguntas logran respuestas facilmente.

Paul Samuelson
Economista estadounidense

» 5 CLAVES PARA REEMPLAZAR LAS PRE-GUNTAS... SIN QUE NADIE SE DÉ CUENTA

En muchas ocasiones es posible ir respondiendo las preguntas del público, dentro de su presentación, sin que éste se de cuenta.

De esta forma, quedará completo el abordaje del contenido y no será necesario establecer un método para preguntas y respuestas.

Este recurso es especialmente apto si se abordará un tema controvertido y que puede dar lugar a múltiples debates o interpretaciones.

Sin embargo, en situaciones regulares, la herramienta de preguntas y respuestas es recomendable para dinamizar la presentación del orador y, además, establecer aún más contacto con el público.

Para información del lector, aquí van cinco claves para reemplazar las preguntas... sin que nadie se dé cuenta.

1. Haga usted las preguntas durante toda su alocución. Transforme reflexiones en preguntas, y respóndalas en forma evidente. Por ejemplo: "La pregunta, entonces, es: ¿de qué forma vamos a lograr aumentar nuestras ventas en un 35 por ciento en seis meses? La respuesta a esta pregunta es..."

2. Ponga en el público la excusa para auto preguntarse. "Estoy seguro de que muchos de ustedes se están preguntando como haremos para incrementar las ventas en tan corto plazo. Yo también me lo he preguntado. Y reflexionando al respecto, llegué a la conclusión de que..."

3. Explique que hoy habrá poco tiempo para responder preguntas, aunque no tendrá problemas en incorporar respuestas a las dudas frecuentes que viene recibiendo en los últimos meses sobre el tema a tratar. De esta forma, indicará claramente cuál es el procedimiento, y se avalará en las consultas que ha recibido. Deberá ser lo suficientemente abarcativo para dejar en claro que ha respondido ante el público gran parte de sus posibles inquietudes.

4. Potencie el uso de preguntas retóricas: son las que se resuelven con un "Sí" o un "No". Haga que el público las responda reiteradamente; ante lo cual, dará la sensación de haber estado todo el tiempo de su presentación en posición de pregunta-respuesta con la gente.

5. Formule en voz alta preguntas concatenadas dirigidas al público; y luego, elija la que desee responder con detalles. Por ejemplo: "¿Cuál es nuestra ventaja competitiva en el mercado? ¿De qué forma podemos aumentar nuestra participación? ¿Qué recursos deberíamos aplicar para reducir la baja en ventas? ¿Qué es lo que tengo previsto como director comercial para cumplir los objetivos?" (y responda esta última pregunta). El público tendrá la sensación de que usted estuvo mucho tiempo haciendo preguntas y respondiéndolas; es una cuestión de percepción.

Caja de herramientas

50 frases de alto impacto, 12 ejercicios para saber dónde poner las manos y 8 actividades para motivar al público.

» 50 FRASES PARA MEJORAR SUS PRESENTACIONES

Como hemos visto en esta colección "Comunicación y Ventas", es fundamental hacer tangible lo intangible. Por eso, utilizar frases de impacto dentro de su presentación hará que el mensaje llegue rápida y claramente al público.

1. La distancia no importa. Sólo el primer paso es difícil *(Madame du Deffand)*

2. Algunos hombres miran lo que son y piensan "¿por qué?". Yo miro lo que todavía no soy y pienso: "¿Por qué no?" *(George Bernard Show)*

3. Cuando combinamos nuestros talentos individuales podemos ser virtualmente los mejores *(DanZadra)*

4. El trabajo duro lo hace fácil. Ése es mi secreto. Por eso gano. *(Nadia Comaneci)*

5. Cuando varias personas de igual rango compiten entre ellas, la desunión da la victoria al adversario *(Maquiavelo)*

6. Cualquiera que diga 'Lo importante no es si ganas o pierdes', probablemente pierda *(Martina Navratilova)*

7. Para guiar a la gente, camina detrás de ella *(Lao Tsé)*

8. Ganar alimenta la confianza, y la confianza alimenta las posibilidades de ganar *(Hubert Green)*

9. Todos estamos cautivos en una inexorable red de reciprocidad *(Martin Luther KingJr.)*

10. Juntar las manos está bien. Pero abrirlas es mejor *(L. Ras tibonne)*

11. Cuando el bienestar se comparte con otros, aumenta *(Josia Gilbert Holland)*

12. Me quedo con el equipo que gana. Lo que se recuerda son las victorias, no los buenos partidos *(Michel Platini)*

13. Hay más dinamita en una idea que en una bomba *(Joseph Vicent)*

14. La verdadera ventaja competitiva es el trabajo en equipo *(Anónimo)*

15. Todo en la vida tiene principio. Lo importante es que tenga continuidad *(Juan Manuel Fangio)*

16. Nadie puede tocar por sí solo una sinfonía: hace falta una orquesta para hacerlo *(H.E. Luccock)*

17. Nada es tan contagioso como el entusiasmo *(Edward Bulver-Lytton)*

18. La clave no es trabajar para otros, sino con otros.

19. Muchas manos hacen un mejor trabajo *(Proverbio inglés)*

20. Si pude llegar a ver más lejos que los demás, es porque me subí en los hombros de gigantes *(Isaac Newton)*

21. Una empresa es como un barco: todos deben estar preparados para tomar el timón *(Morris Weeks)*

22. Cuando alguien señala a una persona con el dedo, debería recordar que los otros apuntan hacia él. *(Lin Yutang)*

23. Ninguna carga es demasiado pesada si se levanta entre varios *(Sy Wine)*

24. Puedes imaginar, crear, diseñar y construir la idea más maravillosa del mundo. Pero te hará falta gente para convertirla en realidad *(Walt Disney)*

25. Los grandes avances y logros, invariablemente se deben a la cooperación de muchas mentes *(Alexander Graham Bell)*

26. La palabra comunicación deriva del latín communicare, que significa compartir.

27. No hay que apagar la luz de los demás para que brille la nuestra *(Ghandi).*

28. Si uno avanza confiadamente en la dirección de sus sueños y deseos para llevar la vida que ha imaginado, se encontrará con un éxito inesperado. *(Henry David Thoreau)*

29. Todos tus sueños pueden hacerse realidad si tienes el coraje de perseguirlos. *(Walt Disney)*

30. No es lo que tu tienes, sino cómo usas lo que tienes lo que marca la diferencia. *(Zig Ziglar)*

31. Aquellos que dicen que algo no puede hacerse, suelen ser interrumpidos por otros que lo están haciendo. *(Joel A. Barker)*

32. El mejor modo de predecir el futuro es inventándolo. *(Alan Key)*

33. Cualquiera que no esté cometiendo errores es que no está intentándolo lo suficiente. *(Wess Roberts)*

34. No puedes escapar de la responsabilidad de mañana evadiéndola hoy. *(Abraham Lincoln)*

35. Un campeón tiene miedo de perder. Los demás tienen miedo de ganar. *(Billie Jean King)*

36. Hoy es el mañana acerca del cual te preocupabas ayer. *(Dale Carnegie)*

37. El único límite a nuestros logros de mañana está en nuestras dudas de hoy. *(Franklin D. Roosevelt)*

38. El éxito no es el resultado de una combustión espontánea. Tú tienes que encenderte primero. *(Fred Shero)*

39. Muchos de nuestros sueños parecen al principio imposibles, luego pueden parecer improbables, y luego, cuando nos comprometemos firmemente, se vuelven inevitables. *(Christopher Reeve)*

40. El éxito es la habilidad de ir de fracaso a fracaso sin perder el entusiasmo. *(Winston Churchill)*

41. Ningún pesimista ha descubierto nunca el secreto de las estrellas, o navegado hacia una tierra sin descubrir, o abierto una nueva esperanza en el corazón humano. *(Hellen Keller)*

42. Sólo hay dos formas de vivir tu vida. Una es pensar que nada es un milagro. La otra es pensar que todo es un milagro. *(Albert Einstein)*

43. Sólo aquellos que se atreven a tener grandes fracasos terminan consiguiendo grandes éxitos. *(RobertF. Kennedy)*

44. Todo aquello que puedas o sueñes hacer, comiénzalo. La audacia contiene en sí misma genio, poder y magia. *(Goethe)*

45. El miedo no existe en otro lugar excepto en la mente. *(Dale Carnegie)*

46. El fracaso es sólo la oportunidad de comenzar de nuevo de forma más inteligente. *(Henry Ford)*

47. La tragedia en la vida no consiste en no alcanzar tus metas. La tragedia en la vida es no tener metas que alcanzar. *(Benjamín E. Mays)*

48. Si tuviéramos que hablar más que escuchar, tendríamos dos bocas y solamente una oreja. *(Mark Twain)*

49. ¿Por qué contentarnos con vivir a rastras cuando sentimos el anhelo de volar? *(Hellen Keller)*

50. El ejemplo no es lo más importante para influir en los demás. Es lo único. *(Albert Schweitzer)*

	5 claves para incluir pensamientos célebres
1.	Utilice frases cortas: las personas tienen tendencia a tomar notas, y si son muy extensas, podrán distraerse. Por otro lado, las frases de pocas palabras son más claras y le darán ritmo a su discurso; mientras que las extensas, pueden hacerle perder ritmo e impacto.
2.	Recuerde mencionar la fuente en los casos que así corresponda: si conoce los autores, debe incluirlos.
3.	Inserte sólo pensamientos apropiados: no busque rellenar su discurso con palabras sin sentido. Incluya exclusivamente aquellos que apoyan sus ideas.
4.	Busque despertar curiosidad, diversión, entusiasmo: motive mediante las frases. Son excelentes recursos para anclar conceptos.
5.	Impacte con frases de cierre: puede hacer suyas algunas palabras, para dar un marco de cierre de alta eficacia ante el público. También puede utilizarlas para anunciar recesos e invitar a pensar en esas palabras para retomarlas cuando vuelven a su charla.

» 12 EJERCICIOS PARA SABER DÓNDE PONER LAS MANOS

Las manos, acaso uno de los aspectos que mayores inconvenientes presenta a muchos oradores. ¿Dónde las coloco? ¿Qué hago con mis manos mientras hablo? ¿Cuándo escucho a otros es conveniente mostrar las manos? ¿Es cierto que necesito tener un bolígrafo todo el tiempo para no moverlas tanto?

Como regla general, debe aprender el correcto uso de sus manos para evitar movimientos distractivos y que le hagan perder efectividad en su presentación.

Aquí van 12 ejercicios sencillos para aprender a usar sus manos como los oradores expertos. La invitación es a practicarlos hasta incorporarlos naturalmente, y que las manos sean sus aliadas, y no un problema a afrontar en escena. Muchos de estos ejercicios son de preparación, y otros, puede insertarlos en escena para enriquecer su lenguaje gestual en forma natural y espontánea.

EJERCICIOS DE PREPARACIÓN

1. RELAJACIÓN DE LAS MUÑECAS. Flexibilice la articulación, extendiendo las manos y los antebrazos. Flexione la muñeca hacia arriba y abajo, a la izquierda y derecha. Realice este ejercicio 5 veces. Luego, otras 5 veces, rote por completo las manos en torno a las muñecas hacia la derecha, y luego hacia la izquierda.

2. SACUDA LAS MANOS. Antes de ensayar y de salir a escena, tome un tiempo para lavarse las manos con abundante agua fría para estimular la circulación sanguínea; y también, sacúdalas fuertemente, como soltando la energía trabada en sus dedos. Inspire profundamente por la nariz, y suelte el aire por la boca, a medida que sacude las manos.

3. ABRA Y CIERRE LAS MANOS. Cierre el puño con la mano izquierda, apriete fuertemente, suelte suavemente, como en cámara lenta. Repita el proceso con la mano derecha. Coordine la respiración.

4. APERTURA Y CIERRE DE MANOS RÁPIDAMENTE. Cierre ambas manos presionándolas fuertemente. Estire los brazos y, al mismo tiempo, abra las manos liberando toda la tensión. Repita 5 veces.

5. EJERCITE LA ARTICULACIÓN DE LOS DEDOS. Estire el brazo derecho con la palma hacia arriba. Vaya subiendo y bajando cada dedo, de a uno por vez. Intente no mover el resto de los dedos o de su mano. Complete el ciclo con el brazo izquierdo, repitiendo el procedimiento.

6. REPRESENTAR SENTIMIENTOS. Pruebe interpretar sólo con sus manos sentimientos como alegría, tristeza, rabia, amor, agradecimiento. También puede incorporar los movimientos del director de orquesta o de cualquier otro profesional que usa sus manos con precisión. La intención es que se ejercite en obtener soltura con sus manos.

USANDO SUS MANOS EN ESCENA:

7. FORMAS GEOMÉTRICAS. Mueva ambas manos con la mayor precisión posible describiendo distintas figuras, como apoyo a ciertas ideas. Perfeccione la técnica de "dibujar en el aire" con sus manos, hasta incorporarla naturalmente.

8. MARQUE UNIDADES DE MEDIDA. puede utilizar ambas manos para marcar medidas de altura, posición, volumen, textura y cualquier otra expresión que necesite transmitir con sus manos.

9. ALTERNE EL MICRÓFONO ENTRE AMBAS MANOS. disponga de un micrófono inalámbrico en una de sus manos. Gesticule con la otra. Tome conciencia de no perder tono, volumen y encuadre del micrófono respecto a su boca. Encontrará ejemplos prácticos en los DVD del curso de oratoria que acompañan los libros 5 y 6, Cómo hablar bien y vender más.

10. TRANQUILICE SUS MANOS CON UN BOLÍGRAFO. si no puede detener sus manos cuando está en escena, y no las necesita para sostener el micrófono, recurra en algunos momentos a un bolígrafo para dejarlas en reposo, e, incluso, para acentuar algunas ideas y utilizarlo para señalar. Este recurso es especialmente apto si está sentado detrás de una mesa.

11. REPRESENTE OBJETOS CON SUS MANOS. Sin necesidad de ser un artista de la mímica, puede representar algunas cosas sencillas con sus manos. Por ejemplo, si tiene que hacer una cuenta regresiva, también los dedos serán buenos aliados acompañando su discurso.

12. APOYE LOS CONCEPTOS CON SUS MANOS. Utilícelas para enfatizar, teniendo en cuenta no irse de cuadro ni gesticular exageradamente. Con el tiempo incorporará este recurso con total naturalidad.

» 8 EJERCICIOS SENCILLOS PARA MOVILIZAR AL PÚBLICO

1. PREGUNTAS QUE INSPIRAN

Objetivo: ayudar a los participantes a crear visiones alternativas sobre cualquier tema.

Procedimiento: Formule un problema con una pregunta. Anote las respuestas en el rotafolio. Ayude a que el grupo encuentre conexiones entre las respuestas y las soluciones al problema. Motive con preguntas hipotéticas, aunque conectadas con el tema central, para moverlos hacia nuevos esquemas de pensamiento: ¿Qué pasaría si tuviésemos todos los recursos disponibles? ¿Estaríamos más felices? ¿Cuál sería la verdadera prioridad del equipo de ventas?

2. RECONOCER LA DIFERENCIA

Objetivo: abrir al grupo a aceptar que todos somos distintos y que podemos tener opiniones diferentes.

Procedimiento: explique las diferencias entre los seres humanos, las percepciones, nuestras historias personales. Luego, llévelos lentamente a reflexionar sobre la diversidad de este grupo. Consulte quiénes están sentados al lado de alguien previamente conocido. Haga que muevan la cabeza hacia la derecha y luego hacia la izquierda, para reconocer a quién tienen sentado al lado. Reflexione y ponga en común los puntos de vista.

3. SALIR DE LA ZONA CÓMODA

Objetivo: hacer que el grupo se mueva y experimente cosas distintas.

Procedimiento: reflexione sobre la necesidad de hacer algo distinto si se quieren obtener resultados diferentes. Hable de la zona cómoda, el espacio confortable en el que muchas personas se mueven cotidianamente. Invítelos a salir de ese espacio. Indíqueles que se pongan de pie, y que cambien de lugar en las sillas. ¿Cómo se ve el curso desde otra perspectiva? ¿Quiénes son las personas de al lado?

4. COCKTAIL PARA CONOCERSE

Objetivo: romper el hielo.

Procedimiento: una vez que usted haya comenzado su disertación, y se haya presentado, consulte al grupo sobre quiénes aún no se han dado a conocer ante el grupo. La respuesta es: ¡ustedes! Invítelos a salir de la zona cómoda. Dé una breve explicación. Ponga como meta que cada uno deberá conocer al menos a cinco personas nuevas. Indique que se pongan de pie, y que caminen por el salón, utilizando todo el espacio. La idea es que se presenten con su nombre, apellido, profesión y el objetivo de por qué están en este curso, ante nuevas personas. Tome unos 5 minutos. Haga una cuenta regresiva desde los 30, 15, 10 segundos hasta el final. Puede colocar una música de fondo agradable en volumen razonable para que el grupo pueda dialogar. Tiempo. Vuelven a los asientos, y se hacen breves comentarios sobre la experiencia. ¿Qué personas conociste? ¿Quiénes te llamaron la atención? ¿Aprendiste algo nuevo?

5. METÁFORAS DE LA REALIDAD

Objetivo: desarrolla el pensamiento innovador, creativo y asociativo.

Procedimiento: Muestre una lista de alternativas escritas. Por ejemplo: 1) La creatividad es como enamorarse. 2) La creatividad es como hacer una torta. 3) La creatividad es como afilar un hacha. 4) La innovación es como zambullirse en una piscina. Luego, formule una pregunta específica sobre el tema que necesitan desarrollar juntos. Estimule al grupo a que conecten con las metáforas, y por qué. Por ejemplo: La creatividad es como hacer una torta; debemos tener paciencia, mezclar los ingredientes en justas proporciones; y luego, cocinarla algún tiempo, y decorarla. Resuma los resultados en voz alta, llegando rápidamente al resultado de la pregunta-disparador.

6. OBSERVANDO EN PERSPECTIVA

Objetivo: Resolver problemas y tener miradas alternativas.

Procedimiento: Dé instrucciones claras y sencillas. Invite a visualizar cualquier objeto. Asegúrese que todos han visualizado con su mente creativa ese objeto. Después estimule para que todos sigan sus indicaciones, y registren las sensaciones mientras lo hacen: 1) Que hagan girar el objeto delante de su rostro. ¿Cómo se vé? ¿Qué se siente? 2) Que lo observen desde arriba. ¿Qué perciben? 3) Ahora lo miran desde abajo. ¿Cuál es la diferencia? 4) Ahora lo pintan de un color. ¿Qué color es? ¿Cómo cambió su forma? 5) Si tuviese un sonido, ¿cuál sería? Pueden hacer el sonido en voz alta. Finalizado el ejercicio, "dejan el objeto" y comparten brevemente sobre la experiencia de mirar algo conocido desde diferentes perspectivas. Haga un paralelo de esto con el problema que desean resolver o esclarecer en este día.

7. LOS 6 SOMBREROS PARA PENSAR DE EDWARD DE BONO

Objetivo: cambiar las formas de pensar en reuniones y espacios profesionales.

Procedimiento: Coloque 6 modelos de sombreros de cotillón en un lugar visible. Cada uno tiene diferentes colores, y representan distintos estados mentales y actitudes. Blanco: análisis objetivo de los datos e informaciones. Neutralidad. Rojo: apreciación de sentimientos, intuición y emociones. Amarillo: positivo lógico, beneficios, constructivo y optimista. Verde: ideas nuevas, soluciones alternativas. Azul: control del proceso de pensamiento. Moderación y control. Negro: Negativo lógico, excesiva prudencia. Pesimismo y crítica. Se formula una pregunta-problema general. Cada participante elegirá un sombrero y se lo pondrá. Responderá desde el estado mental de dicho sombrero. Luego, cambia de sombrero y vuelve a hacer el procedimiento. Asegúrese que participen todos los presentes. No es necesario que cada uno se pruébelos seis sombreros; con tres sería suficiente. El ejercicio demuestra los puntos de vista posibles de alcanzar sobre un mismo tema.

8. RESISTIENDO EL CAMBIO

Objetivo: demostrar en forma sencilla y simpática la resistencia al cambio de muchas personas.

Procedimiento: el orador habla de la resistencia al cambio, y de los beneficios que traería para la empresa ú organización. Para hacer más creíble el procedimiento, pide que, sentados, los participantes se crucen de brazos enlazándose por los codos con los compañeros de la derecha e izquierda. Luego, usted indica que están compitiendo y que necesitan hacer fuerza para vencer al otro; esto derivará en risas y que comiencen a tironearse entre sí. Luego de unos instantes, dé por finalizado el ejercicio y reflexionen acerca del principio "lo que resiste persiste".

» 5 EJEMPLOS DE DISCURSOS PARA MOTIVAR

Encuentre varios ejemplos de discursos memorables en los Bonus Tracks del DVD 2 del Curso de Oratoria que acompaña, gratis, este Tomo.

"LA VIDA GOLPEA DURO" (ROCKY BALBOA)

"Voy a decirte algo que tú ya sabes, el mundo no es todo alegría y color. El mundo es un lugar terrible y por muy duro que seas es capaz de arrodillarte a golpes y tenerte sometido permanentemente si tú no se lo impides. Ni tú, ni yo ni nadie golpea más fuerte que la vida, pero no importa lo fuerte que golpeas, sino lo fuerte que pueden golpearte. Y lo aguantas mientras avanzas. Hay que soportar sin dejar de avanzar, así es como se gana. Si tú sabes lo que vales ve y consigue lo que mereces, pero tendrás que soportar los golpes. Y no podrás estar diciendo que no estás donde querías llegar por culpa de él, de ella ni de nadie, eso lo hacen los cobardes y tú no lo eres. Tú eres capaz de todo."

Hay que soportar sin dejar de avanzar, así es como se gana. Si tu sabes lo que vales ve y consigue lo que mereces, pero tendrás que soportar los golpes.

Rocky Balboa

ROBIN WILLIAMS EN "PATCH ADAMS" CON UN IMPACTANTE DISCURSO CUANDO EL TRIBUNAL MÉDICO QUIERE INHABILITARLO.

"La muerte no es el enemigo señores. Si vamos a luchar contra la enfermedad hagámoslo contra una de las peores que existen: la indiferencia... La misión de un médico no debería reducirse a evitar la muerte, sino a mejorar la calidad de vida. Por eso si se trata una enfermedad se gana o se pierde, pero si se trata a una persona, puedo garantizarles que siempre se gana."

FRAGMENTOS DE "YO TENGO UN SUEÑO" POR MARTÍN LUTHER KING, 28 DE AGOSTO DE 1963

Yo tengo un sueño: que un día esta nación se elevará y vivirá el verdadero significado de su credo, creemos que estas verdades son evidentes: que todos los hombres son creados iguales.

Yo tengo un sueño: que un día en las coloradas colinas de Georgia los hijos de los ex esclavos y los hijos de los ex propietarios de esclavos serán capaces de sentarse juntos en la mesa de la hermandad.

Yo tengo un sueño: que un día incluso el estado de Mississippi, un estado desierto, sofocado por el calor de la injusticia y la opresión, será transformado en un oasis de libertad y justicia.

Yo tengo un sueño: que mis cuatro hijos pequeños vivirán un día en una nación donde no serán juzgados por el color de su piel sino por el contenido de su carácter. (...)

¡Yo tengo un sueño hoy!

Yo tengo un sueño: que un día cada valle será exaltado, cada colina y montaña será bajada, los sitios escarpados serán aplanados y los sitios sinuosos serán enderezados, y que la gloria del Señor será revelada, y toda la carne la verá al unísono.

Esta es nuestra esperanza. Esta es la fe con la que regresaré al sur. Con esta fe seremos capaces de esculpir de la montaña de la desesperación una piedra de esperanza.

Con esta fe seremos capaces de transformar las discordancias de nuestra nación en una hermosa sinfonía de hermandad. Con esta fe seremos capaces de trabajar juntos, de rezar juntos, de luchar juntos, de ir a prisión juntos, de luchar por nuestra libertad juntos, con la certeza de que un día seremos libres. (...)

Y cuando esto ocurra, cuando dejemos resonar la libertad, cuando la dejemos resonar desde cada pueblo y cada caserío, desde cada estado y cada ciudad, seremos capaces de apresurar la llegada de ese día cuando todos los hijos de Dios, hombres negros y hombres blancos, judíos y gentiles, protestantes y católicos, serán capaces de unir sus manos y cantar las palabras de un viejo espiritual negro:

"¡Por fin somos libres! ¡Por fin somos libres! Gracias a Dios todopoderoso, ¡por fin somos libres!"

> **"Yo tengo un sueño: que mis cuatro hijos pequeños vivirán un día en una nación donde no serán juzgados por el color de su piel sino por el contenido de su carácter"**
>
> **Martin Luther King**

FRAGMENTOS DEL MONÓLOGO DE JOSÉ SACRISTÁN EN LA PELÍCULA "SOLOS EN LA MADRUGADA" (DIR. JOSÉ LUIS GARCI, 1978)

"...Se van a acabar para siempre la nostalgia, el recuerdo de un pasado sórdido, la lástima por nosotros mismos.

Se acabó la temporada que ha durado 38 hermosos años, estamos en 1977, somos adultos, a lo mejor un poquito contrahechos, pero adultos. Ya no tenemos papá. ¿Que cosa, eh?. Somos huérfanos gracias a Dios y estamos maravillosamente desamparados ante el mundo. Bueno, pues hay que enfrentarse al mundo y con esa cepa que nos da ese aire garboso!. Tenemos que convencernos de que somos iguales a los otros seres que andan por ahí, por Francia, por Suecia, por Inglaterra.

En setiembre ya no vamos a reunimos solos en la madrugada para contarnos nuestras penas, para mirarnos el ombligo, para seguir siendo mártires, para sufrir. No, a partir de ahora y aunque sigamos siendo igual de minusválidos vamos a intentar luchar por lo que creemos que hay que luchar, por la libertad, por la felicidad.

Hay que hacer algo ¿No?, para alguna cosa tendrá que servir el cambio, pues venga, vamos a cambiar de vida. A ti Rosi ¿Qué té pasa?. Que tu vida con Andrés y los chicos no te gusta ¿no? Pues fuera, cada uno por su lado pero con dos ovarios como si fuésemos mayores.

Y tu Nacho ¿qué? ¿No te ha tirado siempre lo otro?. Pues venga, guerra, pero sin tapujos. Ponte peineta y a ello, pero con dignidad, con la cara bien alta, que no pasa nada.

Vamos a ver Andrés ¿Tú no querías dejar esas contabilidades y

153

vivir sólo con el sueldo?. ¿Qué esperas?. ¿Qué no puedes?. Claro que puedes. Plántate, plántate con Hernández, con Gil, con Troncoso, plantaos y a pedir un sueldo digno, ya verás como se acojonan los de la planta Noble, y a vivir como un ser humano y no como un robot, a vivir con tus hijos, a charlar con tu mujer. ¿O no?.

Hay que comprometerse con uno mismo, hay que tratar de ser uno mismo, hay que ir a las libertades personales. (...)

Se ha terminado eso de ser víctimas de la vida, hay que vencer a la vida. Hay que tomar el mando en la cama. Si lo que quieres es un televisor en color, cómprate el más grande que encuentres porque es lo que quieres, no ahorres cuatro perras para dejarlas a los hijos, disfruta de la vida vosotros porque es vuestra vida y porque además esas cuatro perras luego no van a ser nada.

Hay que empezar a tratar de ser libres. Yo también quiero ser libre.

No quiero tener que mentirme tanto. Sé que tengo que ser algo... a lo mejor escuchar, escuchar más a la gente o hacer un programa de radio para adultos, para hablar de las cosas de hoy porque no podemos pasar otros cuarenta años hablando de los cuarenta años. (...)

No soy político, ni sociólogo pero creo que lo que deberíamos hacer es darnos la libertad los unos a los otros, aunque sea una libertad condicional. Pues vamos, yo creo que sí podemos hacerlo, creo que sí. No debe preocuparnos si cuesta al principio porque lo importante es que al final habremos recuperado la convivencia, el amor, la ilusión.

Pues no cabe duda, al vegetar estamos acabando. Vamos a vivir por algo nuevo. Vamos, vamos a cambiar la vida por nosotros. Vamos.

MAHATMA GANDHI
FRAGMENTOS DEL DISCURSO "EL ARMA DE LA NO-VIOLENCIA",
7 DE AGOSTO DE 1942, INDIA

Hay gente que tiene odio en sus corazones hacia los británicos. Yo he oído a gente decir que estaban disgustados con ellos. La mente de la gente común no diferencia entre un británico y la forma imperialista de su gobierno. Para ellos ambos son lo mismo. Hay gente a la que no le importa la llegada de los japoneses. Para ellos, quizá, significaría un cambio de amos.

Pero esta es una cosa peligrosa. Ustedes deben removerla de sus mentes. Esta es una hora crucial. Si permanecemos quietos y no jugamos nuestra parte, no estaremos en lo cierto.

Si son solamente Gran Bretaña y Estados Unidos quienes luchan en esta guerra, y si nuestro papel es solamente dar ayuda momentánea, sea que la demos voluntariamente o nos la tomen en contra de nuestros deseos, no será una posición muy feliz. Pero podemos mostrar nuestra firmeza y valor solamente cuando esta sea nuestra propia lucha. Entonces cada niño será un valiente. Lograremos nuestra libertad luchando. No caerá del cielo. (...)

En el momento en que estoy por lanzar la mayor campaña de mi vida, no puede haber odio hacia los británicos en mi corazón. El pensamiento que, porque ellos están en dificultades, yo debo darles un empujón está totalmente ausente de mi mente. Nunca ha estado allí. Puede ser que, en un momento de enojo, ellos puedan hacer cosas que puedan provocarlos. Sin embargo, ustedes no deber recurrir a la violencia; eso pondría a la no-violencia en la deshonra. (...)

La no-violencia es un arma incomparable, que puede ayudar a todos. Yo seque no hemos hecho mucho por el camino de la no-violencia y sin embargo, si tales cambios sobrevienen, asumiré que es el resultado de nuestro trabajo durante los últimos veintidós años y que Dios nos ha ayudado a alcanzarlo.

No queremos permanecer como ranas en una charca. Estamos alentando una federación mundial. Esta solamente vendrá a través de la no-violencia. El desarme es posible sólo si ustedes utilizan la incomparable arma de la no-violencia. (...)

Si ustedes no aceptan esta resolución no estaré apenado. Por el contrario, danzaré con alegría, porque entonces ustedes de relevarán de una tremenda responsabilidad, que ustedes están ahora poniendo sobre mí.

Les pido que adopten la no-violencia como una cuestión de estrategia. Conmigo es un credo, pero en tanto ustedes están implicados les pido que la acepten como una estrategia. Como soldados disciplinados ustedes deben aceptarla totalmente, y adherirse a ella cuando se unan a la lucha.

La gente me pregunta hasta qué punto soy el mismo hombre que era en 1920. La única diferencia es que soy mucho más fuerte en ciertas cosas ahora que en 1920.

FORMULARIO DE FEEDBACK PARA CURSOS

El presente es un formulario modelo de evaluación de cursos, para poder entregar una devolución a los organizadores o bien para autoevaluar la calidad y utilidad de la capacitación recibida.

1. Fecha de realización de la capacitación:

_____

2. Por favor marque la categoría que mejor represente su satisfacción en los siguientes puntos: 5= Muy efectivo; 0=Para nada efectiv0

Materiales recibidos	5	4	3	2	1	0
Inscripción	5	4	3	2	1	0
Ambiente del curso	5	4	3	2	1	0
Materiales de apoyo (del capacitador)	5	4	3	2	1	0
Lugar y horario del curso	5	4	3	2	1	0

3. Por favor marque la categoría que mejor represente su satisfacción acerca de estos puntos de la capacitación: 5 = Muy efectivo; 0 = Para nada efectivo

La presentación	5	4	3	2	1	0
La técnica del capacitador	5	4	3	2	1	0
El profesionalismo del capacitador	5	4	3	2	1	0
La utilidad de las habilidades adquiridas	5	4	3	2	1	0

4 ¿Cuáles considera usted que son los puntos fuertes de la capacitación que recibió?

_____

_____

_____

5. ¿Qué podría haberse mejorado del curso?

_____

_____

_____

6. ¿Qué otros temas le gustaría tratar en otros seminarios / capacitaciones?

_____

_____

_____

7. ¿Tiene algún comentario general de la sesión de capacitación?

_____

_____

_____

8.   ¿Podemos citar sus comentarios?   SI   NO

NOMBRE

_____

CARGO

_____

ORGANIZACIÓN

_____

TELEFONO

_____

E-MAIL

_____

Por favor, devuelva este formulario al capacitador o equipo de asistentes del curso. ¡Muchas gracias!

Daniel Colombo es Master Coach experto en CEO, alta gerencia y profesionales; comunicador profesional; Mentor de ejecutivos y empresarios; Speaker internacional; y facilitador de procesos de cambio. Media-coach de políticos y ejecutivos; experto en Oratoria moderna.

Autor de 21 libros, entre ellos "Sea su propio jefe de prensa" "Historias que hacen bien", "Preparados, listos, out" (co-autor, sobre el Síndrome del Bournout); "Abrir caminos", y una colección de 6 libros y DVD, "Comunicación y Ventas" con Clarín de Argentina, y la colección "Coaching Vital" compuesta por tres títulos: "El mundo es su público", "Oratoria sin miedo" y "Quiero vender" (Hojas del Sur).

Se desempeña habitualmente en 18 países, habiendo brindado más de 600 conferencias, workshops, seminarios y experiencias vivenciales, llegando al millón de personas entrenadas. En todas sus redes sociales tiene un millón de seguidores.

Conduce y guía equipos de alto rendimiento en empresas nacionales y multinacionales dentro y fuera de su país. Ha asesorado y trabajado junto a más de 2500 empresas, y dirigido su compañía de relaciones públicas durante 20 años. Escribe regularmente en más de 20 medios de Argentina y diversos países.

Web: www.danielcolombo.com
https://www.linkedin.com/in/danielcolombo/
Twitter @danielcolombopr
www.Faccbook.com/DanielColomboComunidad/
Instagram: Daniel.colombo
YouTube: www.youtube.com/DanielColomboComunidad

LIBRO EDITADO POR

EDITORIAL AUTORES DE ARGENTINA